Andreia Gomes • Carla Falcão • Celia Rizzante • Fabiana Couto
Helda Elaine • Janaina Paes • Katiane Vieira • Rita Mamede
Roberta Pauli • Viviane Ferreira

MULHER
Desperte o poder que há em você

SÃO PAULO, 2018

Mulher: Desperte o poder que há em você
Copyright © 2018 by Katiane Vieira
Copyright © 2018 by Novo Século Ltda.

COORDENAÇÃO EDITORIAL: Vitor Donofrio
PREPARAÇÃO: Fernanda Guerriero Antunes
REVISÃO: Alessandra Miranda
CAPA: Araxá.cc
PROJETO GRÁFICO: Vitor Donofrio
DIAGRAMAÇÃO: João Paulo Putini

EDITORIAL
João Paulo Putini • Nair Ferraz • Rebeca Lacerda
Renata de Mello do Vale • Vitor Donofrio

AQUISIÇÕES
Renata de Mello do Vale

Texto de acordo com as normas do Novo Acordo Ortográfico da Língua Portuguesa (1990), em vigor desde 1º de janeiro de 2009.

Dados Internacionais de
Catalogação na Publicação (CIP)

Mulher: Desperte o poder que há em você
Andreia Gomes... [et al]; organizado por Katiane Vieira
Barueri, SP: Novo Século Editora, 2018.

1. Autoajuda 2. Mulheres 3. Mulheres – Empreendedorismo 4. Mulheres – Poder 5. Mulheres na liderança 6. Direito das mulheres I. Gomes, Andreia II. Vieira, Katiane

18-0370   CDD–158.1

Índice para catálogo sistemático:
1. Autoajuda: Mulheres: Empoderamento 158.1

NOVO SÉCULO EDITORA LTDA.
Alameda Araguaia, 2190 – Bloco A – 11º andar – Conjunto 1111
CEP 06455-000 – Alphaville Industrial, Barueri – SP – Brasil
Tel.: (11) 3699-7107 | Fax: (11) 3699-7323
www.gruponovoseculo.com.br | atendimento@novoseculo.com.br

novo século®

Ler um livro é se conceder o prazer de viver outra história, entrar no mundo íntimo da imaginação e se permitir ver além de nós mesmas. Algo muda quando se conhece a fundo as páginas de um livro. Por isso, dedicamos esta obra a todas as mulheres – mães, filhas, avós, madrinhas, estudantes, profissionais, empresárias.

Em especial à nossa editora Renata Mello, que compartilhou conosco este sonho. À Andrea Lins, uma mulher incrível que se redescobriu aos cinquenta anos e que fez a leitura crítica deste livro.

E, por fim, à nossa amiga Roberta Pauli, que foi exemplo de garra e determinação, resiliência e amor. Ela escreveu esta obra conosco, sonhou em vê-la pronta, deixou sua marca pessoal, sua contribuição de fé e depois partiu para florescer num mundo Maior.

INSTITUTO NAÇÃO DE VALOR
www.institutonacaodevalor.org.br

100% dos royalties dos direitos autorais serão destinados ao Instituto Nação de Valor para apoiar a realização de projetos alinhados aos 17 Objetivos Sustentáveis da Agenda 2030 da ONU.

Sumário

Prefácio	5
Introdução	7
1. Katiane Vieira • Do tamanho da vida	13
De dentro para fora (Autoconhecimento)	23
2. Celia Rizzante • Ninguém chega sozinho a canto algum	47
Sonhos de destino (Autorresponsabilização)	52
3. Rita Mamede • A escolha é sempre sua	67
Sua bússola pessoal (Propósito)	73
4. Janaina Paes • Dê sentido à sua vida: empreenda	93
Força que molda a sua vida (Autoconfiança)	103
5. Carla Falcão • Um passo de cada vez	119
Inspiração para a vida (Autodesenvolvimento)	127
6. Helda Elaine • Fortalecendo pessoas e somando resultados	139
O caminho do poder (Foco)	146
7. Viviane Ferreira • A construção do novo	159
A construção do caminho (Estratégia)	167
8. Fabiana Couto • O que dá sentido à nossa vida	181
A matéria-prima da vitória (Autogestão)	188
9. Andreia Gomes • O sol que brilha em nossa vida	201
A formação do triunfo (Disciplina)	214
10. Roberta Pauli • O outro lado da lua	229
O que o futuro lhe reserva (Resiliência)	237

Prefácio

Confesso que, quando fui convidada para escrever este prefácio, preocupei. Sou produtora de cinema, meu universo são as *imagens*, não as *letras*. Nunca escrevi um prefácio, não saberia por onde começar!

Corta. Recebo o livro. Começo a ler. Não consigo parar de ler. Leio de cabo a rabo. Me envolvo. Me emociono. Me identifico.

Corta. Resolvo tentar. E lá estou eu, diante do computador, daquela tela branca que me desafia.

Desafio. Mulheres que enfrentam desafios. Mulheres que vencem desafios. Mulheres que fazem a diferença.

Percebi que me sentia uma delas. Que eu e todas as outras mulheres passamos, de uma maneira ou de outra, pelos mesmos desafios nesta vida que nos põe à prova a todo momento.

Percebi também – e pela primeira vez – que meus últimos cinco filmes tratam de questões femininas, de ser mulher, de enfrentar desafios dos mais variados. E por esse mundo afora discuto, debato e tento dar minha contribuição, por meio da minha arte, para que as mulheres entendam que elas PODEM, SIM!

E esse é o grande mérito deste livro. Fazer com que as mulheres cresçam e se tornem fortes para enfrentar seus desafios. Para que elas se sintam fazendo parte de algo. Para que elas se sintam fazendo parte do mundo. De um mundo melhor!

Parabéns a todos por este livro que, com certeza, fará a diferença!

Pensando aqui... Bem que as histórias dessas dez mulheres poderiam virar um filme...

Quem sabe?

Elisa Tolomelli
Produtora Audiovisual

Introdução

Dar voz às mulheres: uma ideia para mudar o mundo. Foi assim que tudo começou.

Em maio de 2016, enquanto participávamos de um curso de mentoria, em meio àquele ambiente motivador e inspirador, Rita e eu (Katiane) nos olhamos e começamos a conversar sobre sonhos. A Rita me falava sobre seu desejo de desenvolver projetos sociais destinados a mulheres, e eu sobre meu desejo de contribuir mais ativamente com a construção de um mundo melhor. Aconteceu ali, naquela sala onde havia mais dezoito mulheres, um daqueles momentos únicos na vida. Um momento em que começamos a falar de nossas vitórias, derrotas, anseios, sonhos, angústias e escolhas.

Depois de algumas horas de conversa, quando pudemos de fato expor nossas histórias, percebemos que tínhamos algo em comum: força e determinação para seguir nossos caminhos com base em nossas escolhas. E aí surgiu a ideia: "Vamos compartilhar com as pessoas as histórias da nossa vida? Vamos dar voz às mulheres? Esta é, sem sombra de dúvida, uma excelente maneira de contribuir com um mundo melhor!".

Foi assim que tudo começou.

Nos minutos seguintes, ali mesmo no hotel em que estávamos hospedadas – e onde acontecera o curso de mentoria –, nos encontramos com a Janaina, que estava em São Paulo a trabalho. Quando ela tinha algum tempo livre, participava do mesmo curso que nós. Contamos a ela nossa ideia. E a Jana, como experiente consultora de carreira, gostou da ideia e sugeriu que convidássemos outras mulheres que, assim como nós, tivessem encontrado a própria voz e estivessem dispostas a escrever um livro relatando suas histórias de superação. Com isso, poderíamos contribuir para que outras mulheres também encontrassem a própria voz, vencessem as próprias batalhas.

E, sim, é preciso bastante coragem para fazer um levantamento da sua vida desde o início até o presente e escancarar sua vulnerabilidade, fraquezas, derrotas, anseios e angústias.

Assim surgiu nosso grupo de Mulheres Reais, Histórias Reais. Um encontro de dez mulheres que compartilham o desejo de auxiliar a outras tantas, ampliando sua percepção acerca de si mesmas e de suas necessidades, abrindo caminho para escolhas mais assertivas. **Quando damos voz, damos poder.**

Talvez você esteja se perguntando: "O que tudo isso tem a ver com mudar o mundo?".

Ao longo dos séculos, as mulheres conviveram com uma mentalidade predefinida sobre o que é ser mulher – algo cheio de modos e posturas a serem seguidos. Crescemos tendendo a acreditar que nossa existência deveria ser orientada *pelo* e *para* o outro e, com isso, desenvolvemos uma necessidade compulsiva de agradar, de sermos queridas. Também nos ensinaram que mulheres devem ser doces, discretas e pacientes. Enquanto isso, os garotos geralmente são ensinados a satisfazerem seus desejos e sonhos, sejam eles quais forem e, para isso, são incentivados a serem firmes, focados, racionais, orientando suas vidas para a autossatisfação, tornando-se menos dependentes do que os outros pensam ou sentem em relação a eles.

A questão da criação se agrava nos dias de hoje, em que encontramos cada vez mais mulheres que desejam protagonizar a própria vida, e não ser meras coadjuvantes nela. Aliás, para nós, mulheres, quase nunca é fácil mesmo. Se nos decidimos por ficar solteiras e livres, vivendo romances intensos e passageiros, somos tidas como "dadas", não prestamos. Se nos casamos e decidimos cuidar da família e não trabalhar fora, somos fracas, encostadas, interesseiras e preguiçosas. Se fazemos ambas as coisas – temos filhos e ralamos no mercado profissional –, somos loucas, sem tempo para o marido e, obviamente, estamos "abrindo caminho para a concorrência".

Olhando para tudo isso, as dúvidas surgem. Cuidar de estudos, emprego, casa, namorado ou marido, filhos... *Filhos*, tê-los ou não? Casar ou ter uma carreira? Cuidar de casa, dívidas, saúde, ser bem-sucedida pessoal e profissionalmente. A lista é infinita... Afinal de contas, diante de tudo isso, quem é você?

Nós, mulheres, temos algo muito peculiar e importante para acrescentar ao mundo. Dar voz a uma mulher significa lhe garantir autonomia na tomada de decisões e escolhas conscientes, o que se faz possível a partir de um trabalho de autoconhecimento e autodesenvolvimento que gere aumento da autoestima e do sentimento de autorrealização.

Muitas ainda se calam. Outras, por sua vez, têm dificuldade de externar o que sentem e vivem. Sem esses conhecimentos, acabamos vulneráveis, frustradas, inautênticas, desmotivadas e, muitas vezes, sem sucesso na realização de nossos sonhos.

Uma palavrinha sobre empoderamento...

Empoderar é o ato de dar ou conceder poder para si próprio ou para outrem.

Na perspectiva do autoconhecimento, o poder é conquistado quando, ao olhar para dentro de nós mesmas, descobrimos nossas potencialidades, desenvolvemos habilidades e transformamos nossas fraquezas e limitações em forças que contribuem para nossas escolhas e nos impulsionam na busca concreta dos objetivos.

A pessoa verdadeiramente empoderada é aquela consciente de seus padrões e que compreende seus valores e sua essência. É importante saber quem se é e o que se deseja. Somente conseguimos mudar o mundo que nos cerca quando somos capazes de enxergar e mudar o nosso interior.

Nós, mulheres, precisamos conquistar o espaço que nos foi negado ao longo dos anos, com foco, determinação, resiliência, disciplina e mais consciência de nós mesmas, e, então, optar pelo que satisfaz nossas próprias necessidades.

Este livro não propõe uma "guerra dos sexos". Pelo contrário. Entendemos que, para os homens, conviver com as mulheres do século XXI não é algo tão simples assim. Se por um lado fomos criadas para sermos doces, discretas e pacientes, os homens foram criados para serem fortes, provedores e confiantes. Mas, na realidade, o homem do século XXI é aquele que não precisa dominar, competir ou mostrar que é uma fortaleza. É antes aquele que se ampara no respeito, no companheirismo e na admiração. Então, a mudança é para todos!

Lembra-se daquele papo sobre mudar o mundo? Acreditamos que somente juntos, homens e mulheres (um não existe sem o outro), conseguiremos travar uma batalha gloriosa contra o analfabetismo, a pobreza, a fome e proteger o planeta da degradação. Juntos, e não divididos, conseguiremos promover uma sociedade mais justa, pacífica e inclusiva, livre do medo e da violência.

Neste livro, propomos uma mudança que se inicia pela amplificação da voz feminina. Por meio de nossas histórias, mostramos como simples crenças a respeito de nós mesmas orientam grande parte de nossa vida. Nestas páginas, queremos lhe contar quais são os pontos-chaves para encontrar sua própria voz, *como* cada uma de nós fez para alcançar seus objetivos e *por que* cada passo é determinante para uma jornada de sucesso. Tudo o que nós dez enfrentamos é, na essência, semelhante aos desafios vividos por tantas outras mulheres, 105 milhões no Brasil e 3,5 bilhões em todo o mundo. Conseguimos vencer grandes dificuldades, e agora compartilhamos nosso aprendizado.

Portanto, EMPODERE-SE! Empoderamento feminino é uma prática possível, e não apenas um termo da moda.

Homens: democracia consiste em dar voz a quem não consegue se fazer ouvir! Ajudem as mulheres a serem ouvidas. Juntos somos mais fortes!

A obra que você tem em mãos é composta de dez capítulos que apresentam conceitos e ferramentas capazes de operar mudanças em todos os pilares da sua vida. Este material vai conduzi-la a uma autoanálise profunda. Compartilharemos com você nossas histórias: as angústias, as dores, as dúvidas, as conquistas e as vitórias. Você entenderá que nada tem tanta força de empoderamento quanto o autoconhecimento.

Como mulheres empoderadas que somos, e como resultado desse nosso encontro de propósitos em comum, fundamos o Instituto Nação de Valor. Assim, o valor integral dos direitos autorais deste livro será destinado ao Instituto, para que este promova e apoie cada vez mais projetos sociais, contribuindo, assim, com a construção de uma Nação de Valor.

Vamos começar?

1

Katiane Vieira

Empresária, escritora e palestrante. Formada em Marketing, pós-graduada em Gestão, possui MBA em Administração de Empresas e Gestão de Pessoas, é certificada em coaching pelo Institute of Coaching McLean Hospital – afiliado à Harvard Medical School –, além de ter diversas especializações na área de desenvolvimento humano.

Com mais de quinze anos de experiência no mundo corporativo, atuou como gestora de grandes empresas nacionais e multinacionais. Em 2015, abdicou de sua carreira de executiva para se dedicar a escrever livros e ministrar palestras com o propósito de contribuir com pessoas e instituições no desenvolvimento de habilidades e atitudes, através da automotivação, autoconhecimento, confiança e inteligência emocional.

Do tamanho da vida

Adorava brincar de escritório desde muito pequena. Como toda menina, ganhava de presente miniaturas de utensílios de cozinha, além de bichinhos de pelúcia e, é claro, bonecas. No entanto, jamais gostei de brincar de loucinha, então transformava tudo aquilo em coisas de escritório. Era sempre a chefe e brincava bastante sozinha. Um fogão virava minha mesa de trabalho, a jarrinha de café se transformava em um porta-lápis, e eu fingia que estava organizando um monte de papelada. Na prateleira, bonecas e bichinhos de pelúcia assistiam à cena.

Filha de pescador, eu tinha um objetivo muito claro ao sonhar com escritórios: queria estudar, almejava algo mais, algo que me fizesse muito feliz. Sempre acreditei que, se você trabalhar duro e correr atrás da realização dos seus sonhos, você consegue.

Até os cinco anos, morei em uma praia chamada Gamboa, numa pequena vila de pescadores no litoral sul de Santa Catarina. Havia apenas uma escola, com ensino precário, que ia até a antiga quarta série, hoje, quinto ano. Meu pai, que só cursou o Ensino Fundamental, queria muito que os filhos estudassem, por isso decidiu vender tudo e se mudar com a família para Florianópolis.

Estudei até a oitava série em um colégio público e, nesse período, abri mão de muita coisa, como ginástica e cursinho de inglês, por ajudar em casa e cuidar da Alaci, minha irmã caçula. Oito anos mais nova, ela só queria ficar com a Tata, eu, para dormir, comer, tomar banho, trocar fralda, tudo.

O primeiro desafio que me exigiu bastante esforço foi alcançar o nível do colégio particular em que cursei o Ensino Médio por conta de uma bolsa de estudos que minha mãe conseguira para mim. Fiquei de recuperação em todas as matérias. Eu me acabei de estudar, mas passei.

Assim, fui superando com muito esforço as limitações de uma família humilde, com pouquíssimo acesso a oportunidades de crescimento. Mesmo sobrecarregada pelas tarefas domésticas, escolhi ser batalhadora, criar minhas oportunidades, estudar bastante para me destacar profissionalmente.

Enfrentando as crenças limitadoras

Ainda no colégio público, comecei a enfrentar crenças limitadoras. São ideias formadas desde a infância por aspectos sociais e pessoais, capazes de prejudicar nosso crescimento. Desde cedo, percebi que, mesmo tendo tudo para dar errado, você não precisa acreditar que esse será seu destino. E assim decidi sempre ir além.

Outro roteiro que me recusava a seguir eram as estatísticas relacionadas a meninas que engravidam muito cedo, pois, em sua maioria, são obrigadas a abandonar os estudos e a carreira profissional para cuidar do bebê. No entanto, aos quinze anos, comecei a namorar um estudante de Odontologia, sete anos mais velho que eu. Achei que a pílula anticoncepcional fosse 100% segura, mas não foi o suficiente. Aos dezessete, descobri que estava grávida, e já no segundo mês de gravidez. Meu namorado estava se formando em Odontologia. Eu, terminando o Segundo Grau.

Entrei na maternidade no Dia das Mães. Educada para não fazer escândalo, eu segurava os ferros da cama, quase congelados, para queimar as mãos no frio e resistir à dor das contrações. No entanto, como não houve dilatação, na madrugada seguinte, por cesariana, minha filha nasceu, dois meses antes de eu completar dezoito anos.

Amamentar e cuidar daquele bebezinho foram experiências diferentes e maravilhosas. Meu marido ajudava, foi muito parceiro, e, como eu havia passado toda a infância sendo educada para quando fosse mãe, cuidava da Nati, da casa, do marido, deixava o sapato engraxado, tudo arrumadinho, tudo certinho, era o padrão de esposa. Aquilo, porém, incomodava profundamente a minha parte que sonhava em trabalhar num escritório. Então resolvi estudar para prestar vestibular. Contratamos uma pessoa para cuidar da Natália, mas não deu certo, e tive de parar tudo de novo, até que, quando ela completou um ano e cinco meses, conseguimos matriculá-la em um bom colégio (jardim da infância), e pude retomar os estudos.

Como precisávamos melhorar nossa renda familiar, decidi trabalhar para ajudar. Deu certo. Um tempo depois, compramos um apartamento, um carro melhor e mobiliamos a casa.

Nesse tempo, fiz e vendi bijuterias e, aos vinte anos, me tornei gerente de uma famosa rede de brinquedos. Até que, um dia, o que aparentemente seria uma péssima notícia tornou-se uma grande oportunidade.

"Olha, Katiane, a empresa está em uma situação financeira muito complicada. Vamos ter que fechar." Ouvir essa notícia do dono da maior rede de brinquedos do Sul do país foi como atravessar um oceano a nado para, no final, morrer na praia.

Respirei, para me recuperar do choque, pensei rápido e disse a ele: "E se eu comprasse esta loja?". Ele respondeu que seria complicado manter o nome da empresa, porque acabaria me atingindo de algum modo. Outro balde de água fria. Então argumentei novamente: "E se o senhor me vender o ponto?". Antes que ele respondesse, reforcei a proposta: "E se, em vez de pagar minha rescisão em dinheiro, a gente fizer um acordo e o senhor me der o mobiliário?". Assim, em sociedade com uma amiga, montei minha própria loja!

Desequilíbrio: trabalho x família

O amor que eu sentia por esse trabalho, contudo, estava causando problemas em meu casamento. Trabalhava tanto que cheguei a sentir dores abdominais, mas não queria ir ao médico. "Não é nada", afirmava. Até que a dor atingiu um ponto que não aguentei mais e fui para o hospital. Era apendicite, e o médico me disse que eu precisava ser operada com urgência. Fiquei internada por dois dias e, quando saí do hospital, fui direto para a loja, que estava sendo montada para a inauguração. Lá, eu ficava sentadinha, cadastrando os produtos, enquanto as gurias e a sócia montavam tudo.

A loja de brinquedos passou a ser um sucesso, e meu casamento caminhou para o fim. Resolvi me separar sem levar nada. Só queria a minha filha. Estava certa de que iria recuperar todos os bens, ou até mais, com a nova loja.

Ao avaliar minhas escolhas na vida, chorei muito, perguntando a mim mesma se estava certa ou não; as velhas crenças me espetavam a consciência. Será que era errado querer ir atrás dos sonhos? Ou eu deveria priorizar casamento e família? Será que era errado ficar até tarde trabalhando e deixar minha filha com a babá? Entrei em uma crise sobre o que era certo e o que era errado. Na época, eu me lembrava de uma frase que o meu avô nos dizia: "A gente está nessa vida para ser feliz". E eu sabia que contribuir para a felicidade dos outros era algo que não tinha preço. Pensava muito nisso. Então, em um momento, refleti: "Se a gente está nessa vida para ser feliz, e não estou feliz, é porque há algo errado". Meu casamento realmente não estava me fazendo feliz. Então decidi ir atrás daquilo que me fazia feliz.

Essa foi uma das escolhas mais difíceis que fiz. No entanto, com ela aprendi que não podemos deixar nossos medos escolherem por nós.

Sem dinheiro, sem carro, sem móveis, sem bens, apenas com uma loja que eu havia aberto poucos meses antes e que ainda não me proporcionava grandes rendimentos, me mudei com a Natália para um apartamento bem próximo do shopping onde se localizava minha loja e o colégio dela. Comprei dois vasinhos de planta e montei um piquenique no meio da sala daquele apartamento vazio. Expliquei a minha filha que o papai e a mamãe a amavam mais que tudo na vida, entretanto, a partir daquele dia, aquele apartamento vazio seria nossa nova casa, mas apenas de nós duas, pois eu e ele estávamos nos separando.

Comprei um fogão e um colchão. Meu pai me deu uma geladeira. Eu lavava a louça no tanque e nossas roupas ficavam em caixas de papelão. Assim foi por alguns meses, até que consegui comprar tudo outra vez. O importante ali era o fato de que, por mais difícil que fosse a caminhada, eu tinha certeza de que havia feito uma escolha de maneira consciente.

Sinal de alerta

Os negócios foram bem por quatro anos, e já estávamos com duas lojas. Mas a relação com minha sócia, anteriormente uma grande amiga, acabou mal. Alguns anos depois do fim do meu casamento, foi a empresa que desmoronou. Sérias divergências sobre a gestão financeira chegaram a um ponto em que a ruptura foi inevitável. E, mesmo com enormes compromissos a serem honrados, tivemos que fechar.

Nesse momento, eu me vi em um nível de estresse tão grande – separada, cheia de dívidas, sem emprego, tendo que vender o estoque e o mobiliário da loja para quitar dívidas – que acabei doente: desenvolvi uma arritmia cardíaca.

Deus, no entanto, faz as coisas acontecerem em nossa vida na hora certa. Eu era uma pessoa alucinada, sempre correndo, fazendo mil coisas o tempo inteiro, sem tempo de olhar para mim mesma. Se dormisse duas ou três horas, estava ótimo. Não adoeci por acaso. Meus pais foram me socorrer, chamaram um caminhão de mudança e começaram a arrumar as coisas para serem colocadas no caminhão. Lembro que me sentei ao lado de meu pai, e ele achou que eu fosse brigar, reagir, dizendo que não podiam tomar essas decisões por mim, mas não fiz nada disso. Simplesmente falei, com a voz frágil: "Tudo bem. Acho que está mesmo na hora de deixar vocês cuidarem de mim".

Tudo tem limite na vida, até sentimentos, e o tempo nos faz entender isso. As experiências, aos poucos, vão nos ensinando a distinguir o que realmente vale a pena daquilo que só nos causará sofrimento, caso continuemos insistindo no que não nos faz bem.

Estava debilitada, não podia trabalhar, precisava de tratamento do coração e, também, de corações familiares que me acolhessem. Fui, então, morar na casa dos meus pais.

Sentia-me intrusa na casa deles, porque não era mais a minha casa; eu não fazia parte daquilo desde o meu casamento, já não tinha mais o meu quarto e fiquei dormindo no quarto da minha irmã, no chão. Não tínhamos muito dinheiro, até porque o tratamento da arritmia cardíaca era muito caro e eu precisava cuidar da minha saúde.

Saindo do poço

Voltar a trabalhar seria bom para recuperar a saúde. Assim, dois meses depois de iniciar o tratamento, recomecei fazendo consultoria para uma rede de lojas. Queriam uma gerente, mas fiz apenas um projeto para eles, porque não me identifiquei com a filosofia da empresa e pensei: "Não, isso não é para mim".

E, mais uma vez, o que parecia um problema era, na verdade, uma oportunidade. Quem não sabe o que é melhor para si corre o risco de deixar passar boas oportunidades, ou de receber oportunidades que não a deixarão plenamente satisfeita, mas esse não era o meu caso. Eu conhecia os meus valores e sabia o que queria.

Dias depois, fui contratada para trabalhar como gerente de uma rede de lojas de artigos esportivos. Melhor do coração, mas ainda em tratamento e morando com meus pais, resolvi voltar a morar sozinha, e aluguei um apartamento. Foi um momento único, um resgate de minha vida. Em pouco tempo, já podia dirigir, então comprei outro carro. Reconquistei minha independência como mulher responsável e passava bastante tempo com minha filha.

Sempre falei para ela que é muito importante cultivarmos sonhos, pois eles servem para sustentar nosso cotidiano e, assim, dar mais sentido à nossa existência.

Um ano e meio depois, recebi um convite para trabalhar em uma multinacional da área de telecomunicações. Foi a oportunidade perfeita, já que não havia mais chances de crescimento profissional onde eu estava. Vivi um desafio fantástico e um grande aprendizado.

Anos depois, mudanças na diretoria da empresa em que eu trabalhava trouxeram para mim um choque de valores muito grande e decidi não continuar ali. Ir contra quem eu sou, trair meus valores, era algo que eu não estava disposta a fazer. Não sei se você sabe, mas são nossos valores que guiam cada decisão que tomamos, e nossas decisões guiam nosso destino. Ou seja, saber nossos valores e viver de acordo com eles é fundamental para uma vida plena e realizada, além de definir também o que conquistamos ou o que não conseguimos conquistar na vida.

Nesse momento, uma empresa de recrutamento que eu conhecia me indicou a um empresário que estava montando uma construtora e precisava de alguém com o meu perfil para ser diretora comercial. Embora eu não entendesse nada de construção civil, decidi participar de uma entrevista com o dono. Fui contratada e meses depois virei gestora de empresas.

Além do horizonte

Após me tornar diretora-geral de um grupo empresarial, o que muitos acreditam ser o topo da carreira, e depois de alguns anos de excelentes resultados, comecei a me sentir como se não estivesse no caminho da tão sonhada realização pessoal e profissional. A menina que gostava de brincar de escritório havia realizado o sonho, era agora uma executiva bem-sucedida. Porém, alguma coisa me faltava, algo me incomodava. O que fazer?

Eu me senti estranha, pois percebi que, na verdade, apesar de todas as conquistas, não estava feliz. Gostava de tudo o que fazia, mas meus sonhos haviam mudado, esse ainda não era o meu propósito de vida. E isso passou a me incomodar. Quando me tornei executiva, costumava brincar falando que eu tinha o sonho de me aposentar, porque não queria ficar naquele mundo louco o tempo inteiro, e desejava, lá na frente, não apenas escrever artigos, ter um blog que ajudasse as pessoas a perseguir seus sonhos, mas também dar palestras sobre isso. Eu queria olhar para trás e ver que fiz o bem para as pessoas. Gosto de cuidar de quem está ao meu redor, e me emociona ter contribuído para melhorar a vida de alguém.

E foi assim que passei a escrever e a dar palestras. Comecei a estruturar um modo de me comunicar com um número maior de pessoas. Criei meu site e me dediquei ainda mais aos objetivos de realizar palestras, escrever, compartilhar ideias. Publiquei o livro *Motivação: a chave para o sucesso pessoal e profissional*, com outras autoras, e o livro *Hábitos de sucesso*, um manual de estratégias de como criar, mudar e moldar hábitos em nossa vida. Logo depois, conheci algumas amigas que, assim como eu, queriam mudar o mundo – fundamos juntas uma instituição sem fins lucrativos, da qual sou presidente, com o único intuito de ajudar pessoas. Nesse meio-tempo, decidimos escrever um livro a fim de mostrarmos a outras mulheres que, se nós havíamos conseguido, elas também conseguiriam! Assim, convidamos outras sete mulheres para compartilhar também suas histórias. Desse modo, surgiu *Mulher: desperte o poder que há em você*.

Acredito muito que todas somos capazes. Aprendi que cada acontecimento infeliz me proporcionava uma nova lição, um novo degrau de um aprendizado que não se esgota nunca.

A maternidade, por exemplo, foi marcante em minha vida: sempre quis ser mãe de uma menina. Não exatamente aos dezessete anos, pois não estava nos meus planos, mas, quando descobri estar grávida de uma menina, foi um sonho. Enquanto a barriga crescia, eu pensava: "Como vou propiciar uma educação melhor para minha filha?". Quando descobri minha doença cardíaca, falava para mim mesma: "Eu vou ficar boa, porque tenho uma filha de oito anos e quero vê-la crescer e realizar os sonhos dela", e isso tudo foi para mim um grande estímulo.

Os fatos aconteceram exatamente como deveriam. Mesmo cometendo alguns erros, sempre escolhi seguir em frente, e as coisas tomaram seu rumo. Algumas delas foram aprendizados, outras, contentamentos, e outras, frustrações, mas todas escreveram um capítulo interessante em minha história e, por meio delas, eu cresci.

Cair não é vergonha para ninguém. Vergonhoso é aceitarmos o fracasso e não desejarmos continuar, não nos permitirmos viver um novo começo por medo, por decepção, por um amor que não deu certo, por uma amizade que nos traiu, por um sonho que não conquistamos. O que dá pena é o fato de uma pessoa decidir não mais viver devido às quedas que sofreu.

O mais importante é o sentido que damos à nossa vida. Em todos os meus sonhos, e eles são audaciosos, sempre tive uma premissa básica: se é para fazer, faça bem-feito, dê o seu melhor. Mesmo que você não alcance seu alvo, vai chegar muito perto dele. E, se errar, vai pelo menos aprender, pois, em todos os percalços da vida, a cada queda que sofremos, há uma lição, um aprendizado valioso para a caminhada que continuamos a trilhar.

De dentro para fora
(Autoconhecimento)

A visão e as habilidades são hoje essenciais e indispensáveis para a construção de relações e realidades mais positivas tanto no ambiente pessoal quanto no profissional. Ao assumir com mais segurança esses diferenciais, nós, mulheres, não apenas conquistamos o devido reconhecimento do nosso potencial, mas também passamos a realizar nossos sonhos. Tudo isso por um simples fato: a mulher que conquista mais consciência sobre os próprios pontos fortes ganha, essencialmente, a oportunidade de utilizá-los a seu favor. Além disso, quando desenvolve um novo olhar sobre si mesma, passa a conhecer também suas próprias limitações e, assim, a oportunidade de modificá-las.

Observar como uma sociedade trata suas mulheres pode ser muito esclarecedor. Uma investigação sobre a posição das mulheres em diferentes pontos da história nos mostra como nossa sociedade cresceu e mudou. A verdade é que as mulheres ao longo do tempo ganharam e perderam o poder em vários períodos.

Historicamente, as mulheres tiveram experiências muito diferentes em vários momentos. Em algumas sociedades passadas, houve guerreiras, governantes, sacerdotisas poderosas e líderes políticas, a exemplo de Cleópatra, Boudicca, Ester, entre outras, e seus nomes ecoam dos tempos remotos até o presente. Estas foram consideradas pelos escritores da época dignas de serem registradas. Contudo, em outras ocasiões, expectativas rigorosas foram colocadas sobre as mulheres, com escritores retratando-as como inferiores aos homens.

Com o passar do tempo, de deusas e sacerdotisas nas sociedades do mundo antigo, dotadas de poder para influenciar a política, a guerra e o amor, as mulheres passaram a ser consideradas inferiores, passaram a viver sob as autoridades econômica e disciplinar de seus pais até que se casassem e transferissem o controle ao marido. A elas cabia, tradicionalmente, cuidar da casa, gerar herdeiros, criar os filhos. Passaram a ser enfermeiras, mães, esposas, vizinhas, amigas e professoras.

As mudanças reais começaram no século XX, quando, durante os períodos de guerra, as mulheres foram convocadas para o mercado de trabalho com o intuito de realizar atividades tradicionalmente restritas aos homens. No pós-guerra, elas invariavelmente perderam o emprego na indústria e tiveram de voltar aos papéis domésticos e de serviços. Entretanto, mostraram que, além dos cuidados com a família e dos afazeres domésticos, poderiam, sim, trabalhar nas fábricas e assim contribuir para a economia.

O processo de revalorização da mulher se deu de forma lenta e trouxe consigo novos paradigmas, em especial com o acúmulo de novas responsabilidades. Afinal, além de ainda exercer papel preponderante na família, passamos a nos dedicar ao trabalho, investir tempo e dinheiro em especializações múltiplas e nas questões ligadas à vida pessoal.

Muitas vezes, pensamos que a história se desenvolve em linha reta. No entanto, a verdade não é tão simples. Nesse processo de revalorização, a maioria das mulheres chegou ao século XXI cheia de culpa, medo e uma forte necessidade de provar o seu valor ao tentar atender a expectativas cada vez mais exigentes e exageradas. À mulher ainda não foi ensinado que cabe a ela mesma se apropriar de suas características e de suas possibilidades.

É fato que existe a mulher tímida, bem como existe a mulher mais comunicativa e aberta. A mulher que se dedica exclusivamente à carreira, a mulher que se dedica integralmente à família e, também, a que concilia diversos outros papéis. Todas, sem exceção, acabam abrindo mão de algo na vida para sustentar suas escolhas. E está tudo bem com isso!

A questão é que, independentemente da escolha que assumimos dentro de nossos papéis (que são muitos mesmo, vamos combinar!), vem uma coisinha chata para incomodar, e não, não estamos falando da TPM, mas da famosa culpa feminina de não dar conta de tudo como planejado ou como os outros esperavam que fosse. Essa culpa já se tornou histórica, ou seja, ela provém de nós, mulheres, de séculos passados, pela luta feminina na defesa de melhores condições de vida e de trabalho e pelo direito ao voto (que resultou depois na consolidação do Dia Internacional da Mulher). Adentramos no mercado de trabalho – tivemos muitas conquistas e lutas, e, junto com tudo isso, veio uma revolução tecnológica, mercadológica e científica – para ajudar ainda mais a enchermos nosso dia a dia de tarefas, funções e distrações.

Decidimos ter menos filhos ou simplesmente não tê-los, e ainda assim nos culpamos. E de que outra forma vamos nos "curar" disso, a não ser pela busca do autoconhecimento, do respeito a nós próprias e das nossas escolhas, da pausa para nos conectarmos conosco, do silenciar um pouco dentro de nós mesmas e parar também de buscar justificativas por não sermos ou estarmos tão boas quanto o outro espera de nós?

Conquistamos muitos direitos, ganhamos voz. Entretanto, grande parte de nós ainda não consegue falar, e continua permitindo que fatores externos assumam o controle e façam parte de nossas crenças, sem ao menos nos darmos conta disso. Quer um exemplo? "Porque minha mãe fazia assim, vou fazer também." Ou ainda o contrário: "Porque minha mãe fez assim (e isso me machucou muito), vou fazer o oposto para não machucar minha filha", sem levar em consideração que agora são outras histórias, com outras pessoas e outras necessidades, com percepções completamente diferentes.

No fim do dia, o importante é sabermos que há uma escolha. Podemos escolher quem queremos ser, como queremos nos comportar e como optamos por passar nosso tempo. As mulheres nem sempre tiveram essa escolha através do tempo – muitas vezes, a sociedade exerceu um rígido controle sobre elas.

O que, porém, fez algumas mulheres chegarem ao século XXI mais seguras de si, mais estáveis emocionalmente, enquanto outras se perderam? Foco na consolidação do autoconhecimento. A história nos ajuda a aprender quem somos, mas, quando não conhecemos nosso *verdadeiro eu*, nosso poder e nossos sonhos são imediatamente diminuídos.

O quanto você se conhece? A maior parte das mulheres acredita que se conhece bem, mas na verdade se conhece muito pouco. Você ama e confia em alguém que pouco conhece? Geralmente confiamos apenas em quem conhecemos muito. E, se você não se conhece, como quer acreditar mais na própria capacidade? Como quer ir em busca de seus sonhos, se não acredita ser capaz? E por que não acredita ser capaz? Porque não sabe quem é.

Ao longo deste livro, você verá que o poder feminino está ligado a muitos aspectos, mas o principal deles é o *autoconhecimento*. Por isso iniciamos esta obra falando sobre esse assunto.

Autoconhecimento e empoderamento feminino

Não há como tratar de empoderamento sem antes falar da importância do processo do autoconhecimento. Quanto mais nos conhecemos, mais nos curamos de todas as crenças que carregamos e mais nos potencializamos enquanto indivíduos. Uma mulher que se conhece estabelece melhor suas prioridades sem se perder em meio às cobranças e expectativas que ainda lhe são direcionadas. E, por fim, consegue agir de maneira mais ampla e equilibrada, pois tem mais controle sobre suas emoções e as usa com autenticidade para o bem-estar de todos e de si própria; consegue enxergar mais soluções e possibilidades quando outros veem o caos; valoriza suas qualidades, as respeita e as direciona para seu crescimento. Enfim, tem a oportunidade de equilibrar-se em todas as esferas.

Em uma resposta natural e popular, autoconhecimento é conhecer o seu *verdadeiro eu*. Sob essa perspectiva, seu *verdadeiro eu* é composto de sua forma de pensar, seu verdadeiro caráter, valores, desejos, emoções e crenças – sua própria essência. É nesse momento que encontramos características e atributos que nos identificam. É sobre a compreensão das próprias necessidades, desejos, falhas, hábitos e tudo mais que faz de você quem você é. Envolve saber seus pensamentos e sentimentos, como eles surgiram e como influenciam seu comportamento. Quanto mais você conhece a si mesma, melhor está adaptando as mudanças de vida que atendam às suas necessidades.

Na Grécia Antiga, quando o filósofo Sócrates foi convidado a resumir a essência de todos os mandamentos filosóficos, ele respondeu: "Conhece-te a ti mesmo".

Somente conhecendo nossa essência é que nós, mulheres, começamos a ter pleno domínio de nós mesmas, pois passamos a reconhecer nossas habilidades e nossas fraquezas, nossos pontos fortes e nossos pontos fracos. Estamos no início de uma caminhada importante para nós, estamos fazendo história! Lutando por igualdade de salários entre homens e mulheres, pelo direito de fazermos nossas escolhas sem sermos julgadas por elas. Depois de experimentarmos muita opressão e desigualdades, precisamos passar a acreditar na nossa capacidade de seguir em frente. Devemos interpretar melhor quem somos e, principalmente, onde queremos chegar a partir de escolhas mais conscientes. Ter conhecimento de seu *verdadeiro eu* consiste em uma verdadeira conquista "cognitiva" ou intelectual.

O que ganhamos quando encontramos nosso *verdadeiro eu*? Ganhamos mais assertividade, mais segurança, mais ímpeto de realização, mais coragem, mais confiança e independência. O autoconhecimento movimenta as nossas atividades mentais e emocionais, nos impulsionando em direção à realização dos nossos objetivos. Fortalece, assim, a nossa autoestima, proporciona estabilidade emocional e traz autonomia às nossas decisões.

Um bom exemplo disso é a história da Katiane Vieira, a qual você acabou de ler. Desde cedo, ela percebeu que, mesmo tendo tudo para dar errado, não precisava acreditar que teria aquele destino. Assim, foi superando com muito esforço as limitações de uma família humilde, com pouquíssimo acesso a oportunidades de crescimento. Mesmo sobrecarregada pelas tarefas domésticas, e sendo mãe aos dezessete anos, ela escolheu criar as próprias oportunidades. Vendeu bijuterias, foi gerente e dona de lojas, sofreu traições, falência, enfermidades graves, sempre olhando para a frente e se recuperando, sem parar de ter planos para o futuro, sem desistir, tendo resiliência, determinação, vontade de vencer.

Como? Ela se conhecia. Conhecia seus pontos fortes e os potencializava. Conhecia seus pontos fracos e os minimizava. Conhecia seus valores e os respeitava. Em nenhum momento de sua vida, passou por cima de seus valores, pelo contrário, abriu mão de cargos e oportunidades quando percebeu que, para consegui-los ou mantê-los, precisaria passar por cima de quem ela era, daquilo em que acreditava. E ela só foi capaz de olhar seu *verdadeiro eu* por meio do autoconhecimento. A Katiane sabe quem ela é.

São muitos os problemas da mulher que não conhece a si mesma. Por ser insegura, não se permite errar, tem necessidade de agradar a todos, de ser aprovada, reconhecida pelo que faz. Além disso, tem dúvidas constantes, tende a se sentir inadequada, tem imprescindibilidade de perfeccionismo e, ao mesmo tempo, um sentimento vago de não se sentir capaz, de não conseguir realizar nada.

Em uma época ou outra, todas nós, sem dúvida, nos perguntamos: "Por que isso está acontecendo comigo?", "Por que eu continuo tendo os mesmos problemas?", "Por que estou tão frustrada?". Essas questões difíceis, mas importantes, nos deixam mais perto de uma melhor compreensão de nós mesmas e dos outros. Se essas perguntas não forem atendidas, ficamos presas em um ciclo, repetindo continuamente o passado e para sempre na defensiva. Controlar nossa vida exige que encontremos as respostas.

E a forma de encontrar as respostas é tornar-se consciente de si mesma. Só quando nos tornamos conscientes é que fazemos escolhas com integridade e paixão, pois o autoconhecimento nos propicia uma oportunidade ímpar de perceber, de maneira mais ampla, situações que nos acontecem, refletir e nos adaptar a situações em mudança. Tudo isso resulta em menos "drama" em nossa vida. E por um motivo simples. A autoconsciência melhora amizades e relacionamentos, pois passamos a conhecer os limites, os valores e as exigências de outros.

Quanto mais uma mulher se conhece, melhor ela interage com os outros. As mulheres conscientes de si mesmas são mais propensas a receber promoção no trabalho, pois podem ativar e desativar certos traços conforme necessário, julgar as situações de modo adequado e moderar seu comportamento autenticamente. As pessoas tendem a perder autoconsciência quando estão sob pressão ou estressadas, a menos que possam recair sobre habilidades técnicas ou comportamentos automáticos. Por isso, conhecer-se, conhecer seus pontos fracos e fortes é tão importante.

É preciso desenvolver a capacidade de pensar sobre você e seu relacionamento com o mundo que a cerca. Conhecer a si mesma é uma atitude mental, que nos dá clareza sobre nosso papel no ambiente social, nossos relacionamentos e nosso livre-arbítrio nas escolhas ao longo da vida. Sem esse conhecimento, nós nos tornamos reféns de nossas emoções no decorrer da vida, das percepções distorcidas em relação ao mundo e ao que somos. Muitas vezes, sem perceber, vamos incorporando ao longo da nossa existência uma série de crenças limitantes, e precisamos nos libertar delas para conseguirmos expressar, dentro do processo de autoconhecimento, a nossa individualidade, a nossa verdadeira singularidade.

A individualidade nos acompanha desde que nascemos, está em nosso DNA, na certidão de nascimento, na impressão digital, nas características peculiares do nosso "eu". Cada mulher é única e singular, dentro de um contexto plural. Entretanto, muitas se esquecem disso e se deixam levar pelos outros, pelas circunstâncias, por ideias e sentimentos que não são os seus. O processo de autoconhecimento acende a consciência de quem você de fato é.

No livro *Inteligência emocional*, Daniel Goleman descreve isso como "uma atenção contínua aos estados internos". É a capacidade de ver como suas emoções e percepções influenciam seu pensamento e comportamento. Isso é importante porque nosso comportamento é um reflexo de nossos pensamentos. No entanto, poucas mulheres param e analisam o que pensam e como pensam e, portanto, por que fazem o que fazem. Acredite, até você conhecer bem seus pontos fortes e fracos, bem como a si mesma, será difícil ter sucesso em qualquer sentido.

Essa consciência nada tem a ver com egocentrismo ou presunção, pois o autoconhecimento não limita nossa visão de mundo e amor pelas outras pessoas. Pelo contrário, quanto mais nos conhecemos, maior é a nossa capacidade de nos relacionarmos com os outros e de participarmos proativamente da sociedade.

Empoderar-se é dar poder a si mesma ou a outrem. Quando uma mulher conhece seus pontos fortes e fracos, passa a entender *quem é* e *o que* precisa fazer para desenvolver plenamente seu potencial. Tendo essa consciência, fica mais fácil encarar a vida com mais segurança, e, dessa forma, tornar-se uma mulher forte e empoderada!

Como buscar o autoconhecimento

Cada uma de nós é, ao mesmo tempo, corpo, mente e espírito, e o foco do autoconhecimento é múltiplo, envolvendo o ser humano integral. Entre esses três pilares, é a mente que aciona o processo, seu *verdadeiro eu*.

Pode-se dizer que todas temos vários "eus": o eu que conhecemos, o que desconhecemos, o que acreditamos ser, e o que as pessoas acreditam que somos.

Pense em um quebra-cabeça. De forma análoga, ao nascer, é como se você recebesse um quebra-cabeça que precisa ir montando ao longo da vida até completar uma figura. Essa figura é o seu Eu, integral, verdadeiro. Um quebra-cabeça incompleto significa uma visão parcial de quem você é. Completá-lo significa assumir todo o seu poder pessoal.

O processo de autoconhecimento proporciona esse sentido de vida com mais plenitude, de uma maneira consciente e alinhada com aquilo que você realmente quer viver. A partir do momento em que você se conhece, começa a criar um senso de direção mais organizado e certeiro, rumo à felicidade.

Maneiras práticas para aumentar a autoconsciência demandam reservar um tempo para pensar e refletir. Um olhar para dentro, o qual concentra nossa atenção em nossos pensamentos, em como eles surgem e desaparecem. Isso é mais bem-feito em um ambiente silencioso, onde há tempo para assistir e analisar os próprios pensamentos. Uma vida ocupada não exclui essa possibilidade de introspecção ou autorreflexão, mas torna menos provável que você o faça. Além disso, é mais difícil assistir uma mente ocupada que corre e salta de um lugar para o outro.

Essa busca é toda sua. Pessoal e intransferível. Neste livro, vamos lhe oferecer ferramentas e dicas para que comece os processos de descoberta de si. Caso mesmo assim se sinta insegura, saiba que esse processo pode ser feito de modo guiado. É uma maneira de acelerar o processo e dar mais segurança ao seu aprendizado.

A psicoterapia, por exemplo, representa uma forma de busca do autoconhecimento, em que você conta com a ajuda de um profissional especializado, para descobrir o seu eu verdadeiro. No entanto, é preciso ir além da busca pelo *verdadeiro eu*; ter uma consciência maior de seus talentos, valores, pontos fortes, pontos fracos, gostos, expectativas, sonhos de vida, enfim, uma percepção mais completa sobre si mesma, em todos os sentidos.

A leitura também é uma ótima aliada na busca do autoconhecimento. Existem bons livros específicos nessa linha de orientação para o autoconhecimento, os quais podem ser uma boa alternativa. No entanto, o que a leitura nos traz, geralmente, é uma conexão com aquilo que estamos querendo naquele momento. Não necessariamente com o que precisamos, principalmente porque nem sempre temos consciência do que de fato precisamos. Por isso, a ajuda de um especialista, em muitos casos, é fundamental.

Ao conhecer, saber perceber e prestar mais atenção às suas próprias necessidades, você aprende algo extremamente simples, mas que é difícil para muita gente: dizer não. As pessoas têm dificuldade em dizer não, porque são inseguras e sentem necessidade de aceitação, de reconhecimento. O que acontece com quem não consegue dizer não? Vive muito mais em função dos outros do que de si mesma. Chega a boicotar as próprias necessidades, e, por isso, sente-se infeliz, frustrado, incapaz.

Não ouvir os nossos próprios desejos sufoca nossos sonhos e causa infelicidade em nossa vida. Isso não é culpa dos outros, é uma escolha pessoal. Se não nos permitimos enxergar nossos desejos, como teremos controle sobre nossa trajetória? Quem não toma as próprias decisões acaba terceirizando os sentimentos, as escolhas, as realizações, e abre mão da felicidade. Abre mão da vida, de seu eu.

Desse modo, o processo de autoconhecimento está ligado a uma responsabilidade própria. O que escolhemos para a nossa vida é de nossa incumbência. Somente nossa e de mais ninguém. Não podemos terceirizar. Não podemos culpar os outros, pois, no final das contas, a decisão é sempre nossa. Você precisa saber quem você é, como é e o que deseja alcançar.

Nesse processo, quando começamos a ter maior percepção de nós mesmas, de nossas limitações, cada uma de nós descobre sua forma de caminhar com mais segurança e agilidade. Uma dica prática e muito útil é fazer listas de tudo o que você precisa melhorar, do que deseja conhecer e do que pode conquistar. Uma lista desse tipo ajuda bastante, pois serve como um guia em sua viagem pessoal.

A cada etapa que vivenciamos, conhecemos nossas reações, nossas capacidades, e assim conseguimos superar os desafios e seguir em frente. Compreendendo também as nossas reações e atitudes em etapas passadas na vida, aprendemos com os erros e ficamos mais fortes para vencer as dificuldades atuais e futuras.

"Conhece-te a ti mesmo"

Na Grécia antiga, essa frase, inscrita na entrada do Oráculo de Delfos, onde se buscava o conhecimento do presente e do futuro, foi adotada por Sócrates como inspiração para construir sua filosofia.

Estamos falando de cinco séculos antes de Cristo, portanto a consciência da importância do autoconhecimento para nossa vida não é algo recente.

Vivemos hoje uma realidade em que o ser humano é cada vez mais exigido por um cotidiano complexo, com as mais variadas demandas e desafios. Nesse contexto estressante, a percepção de si mesma torna-se imprescindível para guiar nossas decisões.

Mais do que nunca, precisamos planejar, organizar e realizar nossos objetivos e metas e desenvolver nossas competências e habilidades em administrar ações assertivamente. Sem culpa, sem medo de ser julgada pelas escolhas, sem drama, sem a insegurança do "se", "se somos capazes", "se vamos conseguir", "se vão aprovar". Ou nos mantemos firmes e equilibradas em nosso próprio eixo, ou nos arriscamos a ser levadas pela correnteza, sem condições de decidir nosso rumo.

No processo de autoconhecimento, algumas perguntas muito básicas, aparentemente óbvias, precisam ser respondidas:

- Quem sou eu?
- O que gosto de fazer?
- O que me faz feliz?
- Quais são os meus objetivos pessoais e profissionais?
- Como e onde desejo estar daqui a cinco anos? E daqui a dez, vinte anos?
- Como as pessoas à minha volta me definem?
- Quais são as minhas maiores qualidades?
- Quais são os meus principais pontos de melhoria?
- Quais são os meus maiores desejos?
- Quais são os meus sonhos?
- Quais são as minhas maiores realizações?
- Quais são os meus maiores arrependimentos?

Devemos sempre nos questionar sobre isso. O processo de autoconhecimento consiste em investigar a fundo todas essas questões e ir além. Olhar para si mesma, mirar os próprios olhos no espelho, e buscar todos os dias as respostas que estão no fundo de nossa alma.

Todas essas perguntas fazem parte de um processo poderoso de autoconhecimento e, uma vez que começamos a responder a elas verdadeiramente, desenvolvemos uma nova percepção sobre nós mesmas e o mundo ao nosso redor.

Quando começamos a escrever este livro, também realizamos um processo de autoconhecimento – que é contínuo –; começamos a relembrar cada ponto de nossas histórias, o que fizemos, o que sentimos, escolhas, reações. Esse método de investigação, de se conhecer, é uma maneira de se permitir estar mais consciente de quem você é, dos caminhos que quer trilhar, de com quem quer trilhar, de como vai concretizar isso em sua vida, de como vai comunicar isso para as pessoas em volta, e do que torna você uma pessoa singular.

As descobertas que conseguimos revelar a nós mesmas nesse processo são permanentes, pois a nossa natureza não muda, não vai mudar. Será, isso sim, reestruturada, porque, à medida que avançamos, vamos nos encontrando mais profundamente com a essência de nosso ser. Isso nos torna mais autênticas, assertivas, seguras, conscientes, autoconfiantes.

As respostas a essas perguntas constituem muito mais do que um conjunto de informações. Na verdade, esse processo é uma verdadeira faxina. É como se abríssemos um guarda-roupa em que, durante muitos anos, foram-se acumulando várias peças de roupa, uma por cima da outra, então começamos a tirar cada peça, uma a uma, para organizar melhor. Isso significa realmente entender e organizar melhor as nossas emoções, os nossos objetivos, com quem nós queremos estar, como queremos ser.

Ferramenta essencial

O tempo está passando com muita rapidez, as coisas estão acontecendo muito rapidamente. Todos percebem isso. Mas como nós, mulheres, podemos organizar o tempo de forma assertiva nessa busca do autoconhecimento?

É difícil encontrar uma mulher que tira um tempo para si mesma, pois a grande maioria sempre deixa que os outros decidam como vão dispor do seu tempo. Quando tiramos um tempo para nós, para desenvolver nosso processo de autoconhecimento, é como se estivéssemos permitindo a nós mesmas essa oportunidade.

Nossa sugestão é que você crie seu "diário de bordo". Nele, ao final do dia, você deve responder a questões como estas:

- O que valeu a pena neste dia de minha vida?
- O que aprendi com o dia de hoje?
- O que eu faria diferente do que fiz?
- Quais os relacionamentos que tive?
- Até que ponto realizei meus objetivos neste dia?
- Aproveitei bem o dia para avançar na minha trajetória?
- O que eu colocaria para fazer amanhã?

Este é, portanto, um processo incessante de autoconhecimento, autopercepção e desenvolvimento. Acontece o tempo todo. A cada minuto de nossa vida.

É fundamental usar ferramentas de apoio, principalmente ter sempre alguém para nos orientar no caminho: um mentor, um coach, um psicólogo, enfim, uma ajuda que será decisiva para que o processo seja vitorioso.

Quanto mais praticamos o autoconhecimento, mais seguras nos tornamos e mais estáveis emocionalmente ficamos. E isso se reflete de modo concreto em nossa vida, porque passamos a construir relacionamentos melhores, a nos comunicar melhor, a interagir melhor, e, assim, nos tornamos mais assertivas do que reativas.

Passo a passo

Ser proativa no processo de autoconhecimento é assumir a responsabilidade de sua vida e de suas escolhas. Nossa história de vida é intransferível, não pode ser terceirizada. Temos de viver, um dia de cada vez, nosso próprio sonho pessoal. No entanto, infelizmente, grande parte das mulheres não vive os sonhos pessoais.

É muito importante estar consciente a cada passo, o tempo todo se observando, trazendo para si a responsabilidade, perguntando a si mesma se aquele passo faz sentido ou não. Sem correria, sem precisar dar respostas apressadas, avaliar melhor as respostas que damos ao mundo, às pessoas, enfim, aos nossos impulsos.

O autoconhecimento é uma ferramenta essencial para visualizarmos aonde queremos chegar, como e com quem queremos chegar. Ele nos dá esse norte, é como um guia, uma bússola. Sem essa ferramenta, seria impossível atingir nossas metas, realizar propósitos e materializar os nossos desejos pessoais.

Muitas de nós enfrentamos, o tempo todo, mudanças contínuas em nossa vida pessoal e profissional. Entretanto, quando temos plena consciência disso e da nossa capacidade de superar os desafios, em vez de ver as dificuldades como um problema, passamos a pensar na melhor forma de vencê-las.

Saber os desafios que temos diante de nós e conhecer as ferramentas que podemos usar são os primeiros passos para alcançar nossos objetivos. Passos que só podem ser dados com o autoconhecimento.

Sabemos que falar sobre nós mesmas em algumas ocasiões pode ser difícil. Estamos contando a história de nossa vida neste livro. Tivemos de "abrir baús" que já estavam lacrados. Sabemos que, às vezes, diante de algumas situações, é difícil falarmos aquilo que sentimos. É como se precisássemos ainda mascarar alguns sentimentos, esconder dos outros e até de nós mesmas a nossa luz ou a nossa sombra. O processo de autoconhecimento, porém, exige clareza e sinceridade absolutas. Exige de cada uma de nós a coragem de olhar para nossa história, para as escolhas que fizemos, os acertos, as derrotas, sem nos julgarmos. Apenas analisando os "porquês". E, a partir disso, aprender. Identificar formas de fazer diferente, o motivo por ter feito determinada escolha, e por que sentimos o que sentimos.

Olhar para dentro e se expressar verdadeiramente

A maioria das mulheres não se sente segura em relação à própria autoestima. Outro grande benefício do autoconhecimento em nossa vida é fortalecer a nossa autoestima. Esse importante diferencial faz com que cada uma consiga ter uma percepção mais positiva sobre si, mais autoconfiança nos atos e maior controle sobre as emoções. Podemos assegurar que muitas mulheres – não são poucas – têm dificuldade de acreditar no próprio potencial.

O problema é que passamos o tempo todo olhando para fora. É muito difícil alguém se conhecer interiormente quando a busca está sempre no externo. Estamos sempre buscando coisas ou pessoas que nos complementem: "Ah, eu preciso dessa roupa", "Preciso ter o cabelo assim, para me sentir bonita", "Preciso viajar", "Não posso viver sem essa pessoa". Nesses tempos de redes sociais, como o Facebook, que hoje é uma terra de ninguém, muitas pessoas fingem viver um "eu" que elas gostariam de ser e como gostariam de ser vistas pelos outros. Vivem carentes de *likes*, como se sua necessidade natural de afeto e de reconhecimento pudesse ser suprida pelo toque de um "amigo virtual" no botão "curtir".

Assim como é extremamente prejudicial para uma pessoa fingir ser o que não é, também é um grande engano ostentar o que se tem, porque ter um carro caro, uma casa luxuosa, um corte de cabelo bonito não vai resolver. Quando uma mulher está bem consigo mesma, esse "estar bem" não depende da roupa que ela usa, ou do carro que dirige; é algo que está no brilho do seu olhar, no sorriso, na paz de espírito, no modo como ela interage com as pessoas.

O verdadeiro autoconhecimento não significa estar focada em si mesma, egoisticamente. Quanto mais você se desenvolve como pessoa, mais interesse terá pelo outro, pelas pessoas em volta, pelo ambiente onde vive. Estará concentrada em desenvolver os outros, e perceberá o quanto isso é importante para o próprio progresso.

Investigar-se continuamente

Investigar os próprios pensamentos, os sentimentos, as emoções, a nossa percepção do mundo e das pessoas, tudo isso constitui o processo de autoconhecimento. É como se você se dissociasse de quem é para se enxergar melhor e se entregar a esse processo.

Entre os exercícios que costumam ser aplicados no processo de coaching, focados no autoconhecimento, sugerimos um exercício bem básico: escrever. Quando você escreve o que sente, está visualizando, tirando da mente aquele diálogo interno e colocando-o para fora, seja no papel ou na tela do computador. O que importa é você passar a ter uma percepção maior.

No processo de autoconhecimento, é importante analisar os seus pontos fortes e os seus pontos fracos. Nós, mulheres, temos mais capacidade para pensar nos pontos fracos do que nos pontos fortes. Para resgatar na memória, avaliar e saber como aproveitar melhor os seus pontos fortes, comece a anotá-los. Escreva. Como é que posso colocar em prática esse potencial? E os pontos fracos, será que posso conviver com eles? Como transformar essas fraquezas em forças? É importante que você maximize os seus pontos fortes e minimize os seus pontos fracos. Depois, anote tudo aquilo que você realmente tem dificuldade de fazer hoje ou já teve um dia e não superou. Quais dessas dificuldades você quer transpor? Sempre ocorre algo no decorrer da vida que nos faz avaliá-la e corrigir a nossa rota.

Escreva aquilo de que gosta sobre si mesma, o que está pensando naquele momento. Como você seria sem esses pensamentos e sentimentos? Exercícios assim são importantes para estar conectada consigo mesma e com a realidade à sua volta. Essa é uma maneira de estar constantemente avaliando e corrigindo sua rota. Além disso, é um modo de trabalhar sua autoestima. De onde vem aquilo que sinto? Por que sinto isso? Por que penso assim a meu respeito? A insegurança que sinto tem relação com algum acontecimento da minha vida?

Precisamos também conhecer melhor as nossas emoções, porque elas influenciam diretamente o nosso equilíbrio ou desequilíbrio no dia a dia e no decorrer dos nossos relacionamentos em geral, não só no campo afetivo, como também no profissional, no familiar e no social. Há cinco gigantes vivendo em nossa alma: a tristeza, a raiva, a alegria, o medo e o amor.

Viver em equilíbrio não é tentar expulsar esses gigantes nem impedir que eles se manifestem. Em alguns momentos, precisamos nos permitir sentir tristeza, por que não? Assim como às vezes o medo nos protege em momentos de perigo, a raiva nos torna mais assertivas, a alegria nos proporciona momentos de felicidade, e o amor... é o amor, sentimentos tão importantes, que são temas recorrentes de músicas de sucesso. Para mantermos o equilíbrio emocional, não podemos ficar reféns de um desses gigantes o tempo todo. O autoconhecimento nos proporciona esse alerta. Por que estou me sentindo assim o tempo todo? Por que tenho estado sempre triste? Por que esse amor que sinto está me fazendo agir dessa maneira? Então podemos investigar e buscar os recursos necessários, muitas vezes dentro de nós mesmas, trabalhando a mente, o corpo e o espírito, para reequilibrar nossas emoções e atitudes.

Deixe sua luz brilhar

Marianne Williamson, escritora norte-americana e líder espiritual, em seu livro *Um retorno ao amor*, nos deixa uma reflexão muito importante (comumente atribuída ao líder sul-africano Nelson Mandela):

Nosso grande medo não é o de que sejamos incapazes. Nosso maior medo é que sejamos poderosos além da medida. É nossa luz, não nossa escuridão, que mais nos amedronta. Nos perguntamos: "Quem sou eu para ser brilhante, atraente, talentoso e incrível?". Na verdade, quem é você para não ser tudo isso? Bancar o pequeno não ajuda o mundo. Não há nada de brilhante em encolher-se para que as outras pessoas não se sintam inseguras em torno de você. E, à medida que deixamos nossa própria luz brilhar, inconscientemente damos às outras pessoas permissão para fazer o mesmo.

Imagine que você tem um bom potencial para determinada atividade, gosta do assunto e começa a desenvolver seu conhecimento nessa área. Vamos dar um exemplo simples, não precisa ser uma ciência complicada. Digamos que você tenha facilidade em trabalhar com o Excel, começa a estudar essa ferramenta e vai melhorando cada vez mais o seu nível de conhecimento. Já sabe usar as fórmulas, preencher as células com desenvoltura, vai descobrindo novos recursos e, à medida que aprende, inúmeras outras questões se abrem e você descobre que, se quiser se tornar boa naquilo, precisa estudar ainda mais. Você começou com o curso básico, fez o intermediário e já está no avançado.

Isso também acontece com o autoconhecimento. Quando você descobre algo sobre si mesma, essa descoberta a leva a pensar em vários aspectos nos quais você ainda não tinha pensado.

Já parou para pensar com quais pessoas à sua volta você conversa mais ou menos? Se é uma pessoa organizada ou impulsiva? Esses são apenas alguns aspectos que, depois de pensados e conhecidos, vão desencadear outras investigações, dando continuidade ao desafio de se conhecer.

Os testes de personalidade usados no processo de *coaching* constituem ótimas ferramentas, que podem servir de ponto de partida para uma etapa decisiva no processo de autoconhecimento por apresentarem um retrato da pessoa enquanto comportamento, atitude e personalidade.

A experiência do autoconhecimento

Vamos observar agora o processo de autoconhecimento pelo ponto de vista de quem já passou – e continua passando, pois o aprendizado sobre si mesma não termina nunca – pessoalmente por essa experiência.

Muitos passam a semana esperando ansiosamente que o sábado chegue logo, justificando que a semana é chata. Isso ocorre porque aprendemos que o trabalho é chato. Quem tem essa crença desde o início da carreira já escolhe uma profissão encarando o trabalho como algo desagradável, porém necessário para a sobrevivência. Desse modo, a única opção dessa pessoa é se acostumar à infelicidade dos chamados dias úteis para esperar o fim de semana e trabalhar anos a fio aguardando a aposentadoria. Por que não viver o tempo dedicado ao trabalho de uma maneira feliz e gratificante? É uma escolha sua. Quando você se conhece verdadeiramente, até as suas escolhas profissionais ficam mais conscientes e assertivas.

O autoconhecimento nos traz a consciência de como vamos viver cada momento. Cada mulher tem diferentes papéis, faz diferentes atividades durante a semana, por exemplo, no escritório, em casa, na escola, passeando com o amor da sua vida, ou com os filhos. Desse modo, a gente vai dividindo o tempo conforme esses papéis. Se você trouxer para o processo de autoconhecimento a sua percepção do tempo que você realmente gostaria de dedicar a cada um dos papéis, começará a fazer escolhas mais conscientes. Isso vai refletir diretamente em sua atividade profissional, pois você vai querer trabalhar naquilo que lhe é importante e gratificante.

É muito bom sentir que estamos vivendo cada dia como se fosse o único, chegar ao final do dia com a consciência de que realizamos tudo que precisávamos realizar e, acima de tudo, com uma consciência maior sobre nós mesmas. Podemos afirmar que a nossa vida deu um salto qualitativo a partir desse processo, principalmente no que se refere à percepção de nossas potencialidades.

No entanto, não devemos pensar que tudo se resolve de repente. Esse processo é constituído por etapas, estágios, em que as mudanças vão acontecendo de modo equilibrado, cada uma no momento certo, o que não significa se acomodar nem deixar para amanhã o que é possível mudar hoje. Durante um período da vida, nos preocupamos em solucionar muitos problemas pessoais e ainda buscamos tomar algumas atitudes nesse sentido, mas hoje conseguimos ter mais clareza de nossas escolhas, do que nos alegra e do que nos entristece, do que é importante para nós e do que não é, do que nos motiva ou não, do que nos satisfaz ou não. Hoje conseguimos ver quais são as nossas carências e quais são as nossas respostas para aquilo que estamos sentindo.

A coragem de fazer e de ser

A fim de consolidar efetivamente a atitude do autoconhecimento, o primeiro compromisso que você deve firmar consigo mesma é aprender a se questionar, em vez de ser conduzida pelas opiniões de outras pessoas. Começar a se perguntar, em vez de apenas desabafar.

O segundo é ousar mais e se livrar de qualquer julgamento vindo de você mesma ou dos outros. Nós, mulheres, temos tendência a ficar o tempo todo nos criticando, nos julgando, julgando o outro. Quem eu seria sem esse pensamento? O que eu seria sem esse sentimento? O que eu faria se não precisasse trabalhar por dinheiro? A partir de perguntas assim, usadas como um exame do nosso diálogo interno ou daquilo que falamos para os outros, podemos começar a transformar a nossa vida com mais clareza, com um objetivo, analisando a viabilidade da realização de nossos desejos e da nossa potencialidade.

Algumas empreendedoras desenvolvem uma ideia, mas seus parceiros ou elas mesmas acham que não vai dar certo e, assim, desistem antes de colocá-la em prática, antes mesmo de analisar profundamente se há viabilidade. Muitas mulheres são assim: às vezes têm uma boa ideia, um impulso forte, um potencial promissor, mas falta-lhes a coragem de fazer. O que faltou? É como na história dos cinco sapos que atravessavam uma lagoa em cima de um tronco. Em certo momento, três decidem pular. Quantos ficam no tronco? Você pensará logo na resposta aritmética: se eram cinco e saíram três, ficaram dois. Na verdade, ficaram todos, porque aqueles três só decidiram pular na água, mas não pularam de fato. Parece brincadeira, mas em nossa vida é assim. Pensar não significa fazer. Decidir não significa necessariamente pôr em prática. Precisamos ter consciência disso no processo de autoconhecimento, o qual nos traz coragem e impulso para a vida.

Além de olhar para nós mesmas, precisamos perceber melhor o ambiente onde vivemos – o trabalho, a família, os lugares que costumamos frequentar – e analisar como cada um deles influencia nossa vida. Por exemplo, se você gosta de tranquilidade, vai sofrer em um ambiente de trabalho tenso, agitado; do mesmo modo, se os valores de família para você são importantes, mas o trabalho exige mais do que o normal, a ponto de impedir o seu convívio com os familiares, isso lhe fará mal; em situações assim, é importante perceber o quanto esse ambiente pode estar atrapalhando a sua trajetória.

Cada uma de nós, ao nascer, recebe um nome na certidão de nascimento, e este constitui nossa primeira identidade, o primeiro registro da nossa individualidade. Que tal iniciar por aí? Comece pensando no seu nome. Muitas mulheres levam bastante tempo para entender qual é o nome que queriam usar; usar ou não o sobrenome do marido? Assinar ou não todos os sobrenomes que carrega? Depois, olhe para sua data de nascimento e se pergunte: Quantos anos eu tenho? O que fiz até agora? O que realizei? O que aprendi? Qual é a minha profissão? Essa profissão faz sentido para mim? Qual é o meu sentimento em relação a meu pai, minha mãe, minha família? Como foi a minha infância? Como é que sou enquanto irmã? Como sou enquanto amiga? Como sou enquanto colega de trabalho, ou como integrante de uma equipe, ou como líder? Como cuido do meu corpo? O que a minha mente pensa o tempo todo? O que o meu espírito diz? Qual é o impulso mais profundo que guardo dentro de mim?

Como já sugerimos anteriormente, escreva as respostas para essas perguntas. Questione-se. Investigue. Procure ter mais clareza sobre si mesma. E pergunte também às pessoas mais próximas como elas veem você. Em seguida, examine as respostas dessas pessoas em relação a como você se sente. A sua visão de si mesma é o que mais importa. No entanto, procure *feedback*, conversando com os outros, pois é uma maneira de você descobrir um pouco mais sobre o seu comportamento e sua personalidade. Tenha humildade de reconhecer suas falhas, suas limitações, e coragem de assumir seus pontos fortes. Procure se aprimorar sempre, no trabalho, na família, na vida social, sendo uma mulher melhor a cada dia, em todos os sentidos. Mas, acima de tudo, tenha coragem de ser você mesma.

2

Celia Rizzante

Executiva bem-sucedida no setor de produção de eventos, atua hoje como palestrante, inspirando as pessoas a lutarem por seus sonhos. Ela mesma sempre foi atrás dos seus, iniciando sua carreira aos treze anos de idade como aprendiz de auxiliar administrativa. Aos dezoito anos, formou-se no curso de especialização da FGV para agentes autônomos de investimentos e atuou em conceituadas empresas do mercado financeiro com uma expressiva carteira de clientes.

Ninguém chega sozinho a canto algum

Eu era ainda uma menina de sete anos de idade quando sofri a perda de minha avó materna e do imenso amor que me dedicava. Muito cedo, então, me vi diante de uma escolha que marcaria minha vida: entregar-me à tristeza ou me fortalecer. Preferi a segunda opção e segui em frente, tomando como referência aquela mulher generosa, inteligente e corajosa, com todo o legado que ela me transmitiu. Seus exemplos me ajudaram a não sentir medo dos inúmeros desafios que viria a encontrar.

Comecei a trabalhar aos treze anos, em paralelo aos estudos, como aprendiz de auxiliar administrativa, inicialmente sem carteira assinada e sem salário. Na verdade, eu precisava receber alguma remuneração para contribuir com a renda familiar, porém o mais importante era a oportunidade de aprender. Em pouco tempo, deixei de ser aprendiz, iniciando efetivamente a minha trajetória profissional, embora com funções ainda modestas e salários baixos. De qualquer modo, o fato de estar trabalhando já me alimentava a esperança de realizar meus sonhos.

Apesar da vida modesta, sempre fui muito sonhadora, e isso contribuiu para que desenvolvesse uma força de vontade extraordinária. Havia em mim uma firme vontade de aprender, crescer, vencer e causar estímulo nas pessoas ao meu redor. Curiosa e interessada, eu me mantinha atenta na busca de novos conhecimentos e focada nas mudanças que não param de ocorrer em todas as áreas.

"Isso não é para o nosso bico", ouvi certa vez em minha casa, por sonhar alto demais.

"Por que não?", eu pensava comigo mesma.

Aos dezoito anos, continuava trabalhando como auxiliar administrativa quando meu chefe me estimulou a fazer um curso de especialização na Fundação Getúlio Vargas, para ser agente de investimentos. Concluído o curso, fui aprovada no exame da instituição que realiza o registro geral de agentes autônomos de investimentos em São Paulo. Pronto: era o começo de uma nova etapa. Agora eu tinha uma profissão com melhores perspectivas de crescimento. Representando algumas financeiras do mercado, aprendi a dar um atendimento diferenciado aos clientes e, em pouco tempo, conquistei a simpatia e a confiança de todos.

No entanto, esse caminho gratificante, que me fazia crescer, seria interrompido. Com um ano de casada, meu marido foi contratado para um trabalho nos Estados Unidos e decidi acompanhá-lo, levando em conta a oportunidade de viver uma nova experiência, que seria proveitosa também para mim. De fato, foi. Aprendemos e crescemos juntos.

Quando retornamos ao Brasil, ao término do contrato de trabalho do meu marido, decidimos que era um bom momento para realizar o sonho de nos tornarmos mãe e pai. Cerca de dois anos depois, nos preparativos do primeiro aniversário de nossa filha, tive um *insight*: uma ótima ideia, um grande desafio que começaria do zero, diferente de tudo o que já havia vivenciado, porém totalmente afinado com algo que me proporciona enorme prazer. Decidi montar uma empresa de produção de eventos, e ela se tornou referência em minha cidade e região. Meu marido apoiou, participou do planejamento, mas permaneceu em sua carreira de engenheiro.

Eu gostava de festas, tinha experiência administrativa e facilidade de comunicação. Além disso, estava me aperfeiçoando em vendas e gestão de negócios. Trabalhar cercada de gente jovem, um *staff* bem-treinado e qualificado, me ajudou muito a construir um perfil de dinamismo e inovação para a empresa. Rapidamente conquistamos bom espaço e credibilidade no mercado. E, com muito trabalho, alcançamos uma posição invejável, permanecendo no pódio do sucesso por mais de trinta anos.

Conquistamos tudo isso trabalhando por indicação, sem vendedores. Nossos clientes eram a nossa propaganda. Tínhamos de estar muito atentos à satisfação do cliente, pois o ramo de festas lida com o sonho das pessoas: são os pequenos detalhes que diferenciam um evento comum de um momento inesquecível.

Caminhos acidentados

Após longo tempo em uma atividade que muitas vezes me exigiu trabalhar aos sábados, domingos e feriados, sobrecarregada, sem limites de horário, frequentemente avançando noite adentro, decidi encerrar esse ciclo da minha vida quando completei sessenta anos. Então me aposentei, deixando à frente da empresa o meu marido, já aposentado como engenheiro.

No entanto, essa etapa da caminhada não seria tranquila como eu esperava. Na intenção de ampliar a empresa, meu marido resolveu contratar um executivo para ajudá-lo. Embora fosse um profissional capacitado, algo não me agradava e fui radicalmente contra. Tanto meu marido quanto minha filha viram nisso um exagero meu, e o gerente foi contratado. Tentando dissipar o desconforto que se formou na empresa e em nossa família, esse novo gerente sugeriu que todos fôssemos passar um feriado prolongado em um hotel-fazenda. Para não ser inconveniente, aceitei ir.

Os dias até que estavam sendo agradáveis, porque os filhinhos dele, de cinco e de oito anos, ficaram muito ligados a mim, brincando e conversando comigo o tempo todo, a ponto de me chamarem de tia e me convidarem para um passeio de charrete. Todos, inclusive os pais das crianças, me incentivaram a ir.

No entanto, eu não podia imaginar o que me esperava. Em uma estradinha de terra, dentro da área do hotel, a charrete capotou para o meu lado e, na intenção de proteger os meninos, durante a queda envolvi os dois em um grande abraço.

Foi um acidente horrível! Eles tiveram leves escoriações, enquanto eu sofri fraturas em várias costelas, na clavícula e na espátula. O jovem charreteiro conseguiu pular e buscou socorro. Eu permaneci ali, com muita dor no corpo, o rosto todo ralado na estrada de terra e cortado pelos óculos de sol que eu estava usando. No hospital, a 35 quilômetros do hotel, vivi momentos de desespero ao ver no espelho o meu rosto detonado, completamente irreconhecível.

Triste e revoltada, senti uma raiva incontrolável que deflagrou dentro de mim uma verdadeira guerra. Inicialmente coloquei toda a culpa no meu marido, pois nada daquilo teria acontecido se ele tivesse levado em conta a minha opinião. Senti vontade de me separar, ir morar sozinha no litoral, seguir um caminho diferente.

Então me lembrei da minha vó. No meio daquele furacão de sentimentos, eu precisava ser forte, ter bom senso. Um passo mal resolvido poderia ser irreparável. Assim me apeguei à fé. Busquei forças onde nem imaginava que tinha, para tratar meu emocional arrasado. As sequelas físicas exigiram tratamento intensivo de um ano com uma boa fisioterapeuta, porém foi muito mais difícil trabalhar o perdão dentro de mim, para recuperar o casamento de mais de trinta anos, inclusive participando de um encontro de casais na companhia do meu marido. Precisava também amenizar o emocional dos filhos, em particular da minha filha, que estava grávida, e o da minha mãe, que tinha mais de oitenta anos. Além disso, precisava acompanhar a empresa, mesmo de longe.

Uma escolha errada colocaria em risco o meu nome, os meus valores e o que eu possuía de mais precioso na vida: uma família linda e uma empresa próspera, construídas ao longo de muitos anos com bastante dedicação e esforço.

Vitória do amor

Desde a origem humilde ao crescimento no rumo da prosperidade, o caminho que escolhi foi o do AMOR, que gera perdão, fé e coragem diante de qualquer situação, transformando dores, angústias e decepções em sabedoria e prosperidade.

Tenho hoje uma família linda, um casal de filhos maravilhosos e netos que são a minha inspiração para a vida. Os sonhos continuam presentes, apontando para um amanhã cada vez melhor.

Depois de mais algum tempo trabalhando com meu marido, optamos por não manter a empresa. Foi a melhor escolha nesta altura da vida. Ninguém chega sozinho a canto algum. Que minha história sirva de estímulo a algumas pessoas para que elas participem do esforço de transformar o mundo em um lugar muito melhor para se viver, com paz, harmonia, saúde e prosperidade.

Sonhos de destino
(Autorresponsabilização)

O empoderamento feminino, basicamente, refere-se a conferir poder a outras mulheres de modo que cada mulher assuma seu poder individual. Com isso, há crescimento e fortalecimento do papel de todas na sociedade. Esse processo apresenta muito valor, pois contribui para diluir a ideia de que nascemos para nos odiar e de que devemos nos tratar como rivais. Um exercício de desconstrução de duas vias em que não só uma, mas duas ou mais se beneficiam.

Empoderar é enaltecer, botar uma menina ou uma mulher no degrau de cima, contribuir para que conquiste seu espaço, seja de fala ou de trabalho. Não menos importante: enaltecer a si mesma.

Falando de mulher para mulher, essa busca pelo empoderamento só começa quando nos conhecemos, quando sabemos o que queremos, quando passamos a nos responsabilizar pelos resultados obtidos em nossa vida. Afinal, como ajudar outra mulher, quando não assumimos a responsabilidade sobre nossas escolhas e decisões?

Nós dez presentes nesta obra trabalhamos na área de desenvolvimento humano, e algo que ouvimos muito das pessoas é que a culpa pela vida que estão vivendo não é delas, e, sim, da falta de sorte, do meio onde vivem, da educação que receberam, dos pais, do governo, do marido, do chefe, da sociedade. Nunca delas próprias.

Quando você se coloca no papel de vítima, acaba despertando em si mesma sentimentos e sensações que não contribuem em nada com seu desenvolvimento. Sentimentos de vitimização podem enrolar uma pessoa em uma teia negativa que parece maior e mais forte do que a própria pessoa, e isso causa uma ilusão de que você está presa. É um lugar muito perigoso para estarmos, pois pode levar à baixa autoestima, ou, ainda, torná-la agressiva em relação a si mesma ou a outros.

Além disso, pensar em si mesma como uma vítima é destrutivo para os relacionamentos. Estudos na área da Psicologia apontam que pessoas atoladas em vitimização esperam ser maltratadas, o que significa que se sentirão atraídas por quem usar ou abusar delas, e sentem-se desconfortáveis com alguém que as trata com amor incondicional, pelo fato de este lhes ser muito desconhecido.

Culpar os outros pode proporcionar alívio temporário da sua dor, mas, a longo prazo, isso levará a sentimentos de impotência e desesperança. Esse estado aumenta os sentimentos de negatividade, que se infiltram em outros aspectos de nossa vida. Além disso, pode afetar nossa capacidade de tomar boas decisões, bem como causar conflitos nos relacionamentos, além de dificuldades financeiras, apenas para citar algumas consequências.

Embora seja verdade que nem sempre temos controle sobre as circunstâncias que nos afetam, um evento não equivale a um resultado. Resultado é o que acontece a partir das escolhas que fazemos – e a escolha de como vamos responder ao que nos acontece é sempre nossa. O resto são apenas pequenos desvios antes de alcançarmos nossos destinos.

A adversidade é algo que todos enfrentam em algum momento da vida. Qualquer um pode ser derrotado quando a vida não ocorre como planejado, basta desistir. Não existe fracasso, existem lições aprendidas, assim como você não deve assumir uma mentalidade de vítima, mas, sim, assumir o papel da sobrevivente forte que superou as dificuldades.

É fato que ninguém nasce com a mentalidade de vítima, assim como ninguém nasce clinicamente deprimido ou ansioso. A mentalidade da vítima é um traço de personalidade adquirido, o que significa que resulta do que você viveu desde a infância.

A autovitimização também pode se desenvolver por meio de relacionamentos codependentes que tivemos com nossos pais, ou simplesmente observando e adotando a mentalidade de vítima não saudável exibida por um ou mais membros da nossa família.

No entanto, embora o que nos tenha acontecido no passado esteja completamente além do nosso controle, é nossa responsabilidade como adultas assumir o poder e reclamar a responsabilidade pela nossa felicidade.

O conhecimento vem de tudo que fazemos e de tudo que nos acontece. Com base em nossas experiências e em como reagimos a elas, aprendemos lições valiosas ao longo do tempo. Todas as dificuldades apresentam uma oportunidade, e precisamos reconhecer que, em vez de deixá-la nos derrotar, nossos pensamentos e atitudes mudam nossas experiências e moldam nossa vida.

A maneira como decidimos responder a certas ocorrências é o que moldará nossos sentimentos, nossas ações e nossos resultados. Podemos escolher levar a vida que queremos, não importa o quão difícil seja. Tudo é uma questão de mentalidade, e a autorresponsabilidade é uma característica muito importante quando se trata de saúde emocional.

Você é a única responsável pela realização dos seus sonhos. Sua vida está hoje exatamente onde você a colocou. Os resultados que obteve até aqui são absolutamente méritos seus. Não adianta culpar as pessoas ao seu redor pelos desafios da vida. Toda vez que faz isso, está assumindo a mentalidade de vítima. Essa é uma afirmação dura, nós sabemos. Entretanto, você precisa entender essa afirmação como uma realidade libertadora, não como uma acusação.

Nós temos a escolha quando se trata de reações. O único ambiente do qual temos controle é o nosso interno, então a maneira como interpretamos situações é o único controle que temos sobre elas. Cada dia mais, nós, mulheres, somos apresentadas a uma variedade de situações e cabe a nós reagir.

A verdade é que a maneira pela qual reagimos a tudo que acontece ao redor de nós determina a qualidade de nossa vida. No mundo, há aquilo que podemos e o que não podemos controlar. Antes de mais nada, é essencial aceitar o fato de que nem tudo está no nosso controle. Só então você poderá perceber o impacto de sua atitude em suas experiências. Assim que perceber isso, começará a sentir mais senso de controle em sua vida.

Sempre há uma escolha de como responder ao que o mundo oferece. Não deixe que algo dite a maneira como você reage às coisas. Olhe dentro de si mesma e perceba que você tem o poder de fazer as coisas acontecerem. Somos uma soma de todas as experiências da nossa vida, então use essas lições do passado para ajudar a melhorar sua situação atual e seu futuro.

Criando o próprio destino

Quando aceitamos a responsabilidade pelos resultados que obtemos em nossa vida, simultaneamente descobrimos nossa força. Autorresponsabilização significa reconhecer que você é responsável por sua vida – que você é a única mestre de si mesma. As pessoas responsáveis tomam conta de si mesmas, de sua conduta e das consequências. Elas não culpam os outros.

É fato que não temos tanto controle na vida como gostaríamos. Não podemos influenciar ou afetar pessoas e eventos. Entretanto, temos poder sobre nossa vida e sobre atitudes e ações que tomamos. É preciso entender que vítima é uma pessoa que sofreu de maneira psicológica ou física, como resultado de um acidente, crime ou outro evento ou ação contra pessoas e bens. Um sobrevivente é uma pessoa que permanece viva após um evento no qual outros morreram, literal ou metaforicamente. Ser sobrevivente significa aprender a lidar com as situações e fatalidades vividas, com as dificuldades em sua vida e inspirar outros a fazer o mesmo. É assumir o controle, é aceitar que problemas, percalços, dificuldades e fatalidades acontecem.

Você leu a história de Celia Rizzante no início deste capítulo. Diante de um evento (acidente) que ocorreu em sua vida e que lhe causou muita dor, tanto física quanto emocional, ela quis culpar o marido por todo o sofrimento pelo qual estava passando. Triste e revoltada, sentia uma raiva incontrolável que iniciou dentro dela uma verdadeira guerra. E é assim mesmo. Na maioria das vezes, quando uma pessoa se coloca em situação de vítima, ela se apega a sentimentos de amargura e raiva e acaba fazendo escolhas erradas. Apenas depois de um tempo consegue perceber que, muitas vezes, o estrago maior, e às vezes irreversível, resultou das escolhas que fez a partir do evento, e não do evento em si.

No caso da Celia, diante da raiva, ela sentiu vontade de se separar, ir morar sozinha no litoral, seguir um caminho diferente. Quando assumiu sua responsabilidade pessoal, percebeu que um passo mal resolvido poderia ser irreparável. Assim, trabalhando seu emocional, buscou força dentro dela para seguir com o tratamento, assim como também buscou o perdão dentro de si mesma. Afinal, perdão não é sobre ser fraca. É sobre sua resposta à dor infligida em você. É sobre o que você faz com essa dor para transformá-la em compaixão, empatia e compreensão consigo e com o outro. Trata-se de encontrar a força interior para ultrapassar a dor a fim de encontrar paz e liberdade interior.

Embora o processo seja doloroso, a questão não é sobre o que lhe aconteceu, mas, sim, sobre como você responde àquilo que lhe acontece. Quando fica apontando o dedo, achando culpados para o que acontece em sua vida, você se coloca no papel de vítima. A vida é 10% do que acontece e 90% de como você reage. Assim, atitude é tudo. É o que molda nossas crenças e nossos desejos. Os tempos difíceis ocorrerão ao longo de nossa vida, mas cabe a nós interpretá-los. Precisamos estar sempre no controle de nossas emoções apesar de qualquer situação externa.

Você é responsável por criar seu destino. E isso só é possível quando declara sua responsabilidade pessoal a si mesma. Quando fazemos isso, passamos a assumir o controle sobre todos os aspectos de nossa vida e, como resultado, aprendemos a contornar o doloroso papel de se tornar uma vítima, tornando-nos sobreviventes.

Se algo ruim acontece em sua vida, não permita que esse acontecimento defina quem você é. Não faça disso a sua desculpa para não avançar. Entenda o problema, aprenda com ele e continue no caminho para realizar seus objetivos. Faça com que seja uma parte de você sem deixar de ser quem é.

Muitas vezes, quando não assumimos a responsabilidade em realizar nossos sonhos, acabamos frustradas, e, ao longo dos anos, acabamos culpando aqueles que amamos por não conseguir realizá-los. São muitos os casos de mulheres que acabam sonhando o sonho dos outros. Nós, mulheres, temos uma capacidade incrível em primeiro sonhar o sonho dos pais, depois o sonho do marido e, por último, o sonho dos filhos. E os seus sonhos? O que você está fazendo para realizá-los? É fato que você pode e deve cooperar para realizar os sonhos da sua família. Seja como filha, como esposa ou como mãe. Mas você precisa ter os próprios sonhos, algo que muitas vezes as mulheres não têm, ou não assumem a responsabilidade para a realização deles. Muitas vezes, de tanto ajudar para realizar os sonhos dos outros, deixam de sonhar. E isso é muito grave!

Contribua com os sonhos daqueles que você ama. Só não deixe de sonhar os seus. Muito menos de assumir a responsabilidade para que eles aconteçam. É certo que nem sempre as circunstâncias são as mais adequadas, as melhores. Entretanto, a grande questão aqui não é aquilo que lhe acontece, mas, sim, o que você faz a partir do acontecimento.

Se não está satisfeita com os resultados que tem obtido na vida, basta reconhecer que está errada. Não culpe os outros. Reconheça que as escolhas que você tem feito e os caminhos que tem percorrido não são satisfatórios, e, então, redirecione-os de maneira objetiva, consciente e autorresponsável.

Muitos desafios surgirão diante de você. Talvez em algum momento você já tenha se sentido paralisada por medo ou por preguiça de empregar o esforço necessário para realizar algo. Talvez tenha tido impulsos, conscientes ou inconscientes, de autodestruição, ou foi tentada por facilidades ilusórias. E isso certamente vai acontecer novamente em sua vida. Em todas essas vezes, somente você poderá decidir o que fazer, ou qual sentimento deixará impulsionar sua trajetória.

Aceite que, não importa o que aconteceu ou o que aconteça, você não é uma vítima. Nunca sinta pena de si mesma ou se envolva em autopiedade. Conforme já falamos, o que importa na vida não é o que lhe acontece, mas como você reage ao que lhe acontece.

Esteja certa de que os acontecimentos de sua vida não são mera coincidência, nem fatalidades do destino, muito menos significam que você seja vítima de alguém ou das circunstâncias. As mudanças começam a ocorrer quando conseguimos ser honestas conosco, aceitando que, de algum modo, somos responsáveis pela situação em que nos encontramos. Tenha a consciência de que, quando culpamos os outros por nossas dificuldades, é muito mais difícil reconhecer o nosso poder, a nossa capacidade para lutar pela felicidade. Com isso, temos de escolher se queremos ser parte da solução ou do problema.

Pense um pouco. Há dez anos, onde você estava? Quem eram seus amigos? Quais eram suas esperanças e sonhos? Se alguém tivesse lhe perguntado onde você estaria dentro de dez anos, o que você teria respondido? Você se encontra hoje onde gostaria de estar naquela época? Uma década pode passar bem rápido, não é?

Mario Quintana escreveu um poema sobre o tempo, sobre o caminho que percorremos...

> A vida é o dever que nós trouxemos para fazer em casa.
> Quando se vê, já são seis horas!
> Quando se vê, já é sexta-feira!
> Quando se vê, já é natal...
> Quando se vê, já terminou o ano...
> Quando se vê perdemos o amor da nossa vida.
> Quando se vê passaram cinquenta anos!
> Agora é tarde demais para ser reprovado...
> Se me fosse dado um dia, outra oportunidade, eu nem
> [olhava o relógio.
> Seguiria sempre em frente e iria jogando pelo caminho a casca
> [dourada e inútil das horas...
> Seguraria o amor que está a minha frente e diria que eu o amo...
> E tem mais: não deixe de fazer algo de que gosta devido à falta
> [de tempo.
> Não deixe de ter pessoas ao seu lado por puro medo de ser feliz.
> A única falta que terá será a desse tempo que, infelizmente,
> [nunca mais voltará.

Autorresponsabilidade é a capacidade racional e emocional de trazer para si toda a responsabilidade em ressignificar tudo o que acontece em sua vida, por mais inexplicável que seja, por mais que pareça estar fora do seu controle e das suas mãos.

A vida é o que você faz dela. Você é o único responsável pelas escolhas em sua vida. Não culpe os outros pelas escolhas que fez. Só você é responsável pelo que escolheu para pensar, sentir e agir.

As ciladas

Frequentemente, quando falamos em autorresponsabilização, vem na sequência um sentimento de culpa, culpa e culpa. Algumas pessoas pensam até em punição. Não caia nesta cilada!

A palavra culpa vem do latim *culpa* e designa não só uma falta para com a lei, seja ela religiosa ou civil, mas também a consciência dessa falta por quem a cometeu. Presente nos âmbitos jurídico e penal, o conceito de culpa serve há anos para punirmos quem ultrapassa o limite das leis e normas, serve para organizar a sociedade.

No entanto, quando saímos da dimensão social e passamos para a dimensão individual, a culpa torna-se redutora, estagnante, na medida em que retira liberdade e força da pessoa para resolver a situação. Leva a sentimentos de autopunição que cada vez mais danificam a autoestima, impossibilitando uma vida feliz e saudável.

Características comuns em quem sente culpa
- Preocupação excessiva com a opinião dos outros.
- Desconforto quando recebe prendas ou elogios. Não se consideram dignos.
- Raiva reprimida.
- Dificuldade em assumir responsabilidade pelos próprios atos.
- Sentimento de rejeição e vitimização, não se sentem suficientemente fortes.
- Tendência a doenças, ou acidentes frequentes.
- Dificuldade em expressar os reais sentimentos e em dizer não.
- Necessidade em agradar.
- Agem para os outros e não para si mesmos.

Consequências da culpa
- Autopunição.
- Medo.

- Sofrimento.
- Remorso.
- Estagnação.
- Doença.
- Tristeza/depressão.
- Submissão.
- Prisão emocional.
- Solidão.
- Dificuldade em impor limites, dizer "não".
- Fuga por meio de álcool, drogas.
- Compulsão alimentar.
- Conflitos internos e nas relações.
- Dificuldade em sentir prazer.
- Destruição da autoestima e amor-próprio.

Então o que fazer se identificarmos em nós mesmos essa tendência?

Primeiro, entender que culpa é diferente de responsabilidade. A culpa pressupõe um vilão e uma vítima, enquanto a responsabilidade é partilhada entre dois iguais.

Lembre-se de que nem tudo é sobre si. Você não tem poder sobre as decisões dos outros; elas ocorrem em razão do processo do outro, e não do seu. Você não tem o poder de impedir catástrofes, doenças e acidentes, tem apenas o poder de decidir sobre as próprias escolhas e buscar caminhos para a realização de seus sonhos.

Responsabilidade é força, é liberdade para modificar o que não está bem, com o foco no futuro. É assumir e aprender com as consequências de nossos erros e olhar para eles como oportunidades de aprendizagem. É uma postura adulta e saudável perante a vida.

Virando a chave

No início deste capítulo, afirmamos que você é a única responsável pela realização dos seus sonhos. Sua vida está hoje exatamente onde você a colocou. E os resultados que obteve até aqui são absolutamente méritos seus. Foi a partir dessa afirmação que conseguimos dar a volta por cima.

Para sair da postura de vítima, é importante identificar vozes críticas internas que se concentrem em injustiças, como "Não é justo. Isso não deveria estar acontecendo comigo. O que eu fiz para merecer isso?". Esses pensamentos destrutivos incentivam a passividade e a impotência, enquanto desencorajam ações que poderiam mudar uma situação infeliz ou insustentável.

Se está insatisfeita com algo em sua vida, para virar a chave, não pode operar a vida na suposição de que o mundo deve ser justo e objetivo. É preciso enfrentar a realidade e fazer as escolhas certas em prol da realização dos seus sonhos.

A grande questão sobre a vida é que podemos escolher por nós mesmos. Podemos escolher o tipo de pessoa que queremos ser. Podemos escolher o tipo de vida que gostaríamos de ter e trabalhar para isso. Podemos escolher nossos amigos. Podemos escolher o ambiente em que vivemos.

Não estamos presos às escolhas que outros fizeram para nós. Não somos um produto de outra pessoa, mesmo que esta nos trate como se fôssemos.

No entanto, com a capacidade de escolher vem a responsabilidade de lidar com as consequências dessas escolhas. Seremos responsabilizadas por nossas escolhas, porque, afinal, estamos vivendo nossa vida.

Sendo assim, desafie suas crenças sobre o que você pode e não pode fazer. Viva a vida que está esperando por você. Importe-se menos com o que as outras pessoas pensam. Ouça seus amigos e entes queridos, mas não se torne dependente do que eles pensam de você. É sua vida. Suas escolhas, seus resultados.

Você é sua melhor líder de torcida. Cerque-se de pessoas amáveis que a amam e a encorajam. No entanto, não dependa de outros para se sentir bem sobre si mesma. Proteja e nutra seu bem-estar físico, mental, emocional e social.

Encontrar alguém para culpar pode nos proporcionar uma sensação de alívio por ter supostamente resolvido um problema, mas isso não é verdade. Achar culpados não resolve problema algum. Assuma a responsabilidade sobre sua vida.

Faça um inventário honesto de suas forças, habilidades, talentos, virtudes e pontos positivos. Seja grata por tudo o que a vida lhe ofereceu. Transforme seu foco de algo que você não quer para algo que quer.

E não olhe para trás com muita frequência. Habitação no passado priva o presente de sua alegria e impede que você desfrute cada dia ao máximo. Abra-se às novas oportunidades de hoje. A capacidade de se recuperar rapidamente a partir de fracassos e decepções é um dos principais diferenciais entre as pessoas bem e malsucedidas.

Apesar de tudo o que você deve fazer na vida para cumprir suas obrigações e responsabilidades, tudo e qualquer coisa que você faz é sua escolha. São seus resultados. Apesar das restrições e imposições externas, você é livre para escolher suas ações e realizar seus fins.

A atitude de autorresponsabilizar-se empodera. Desenvolver a capacidade de mudar o que deve ser mudado para prosseguir na realização dos seus sonhos, como tudo na vida, é uma questão de escolha.

Você é a única no controle de sua vida. Assuma a responsabilidade por si mesma. Essa é uma ideia muito poderosa.

Exercício

Você é uma pessoa que vive de forma ativa ou passiva perante as mais variadas situações da vida?

Um ser passivo é aquele que não assume as próprias falhas, não reconhece seus erros e vive em função de desculpas.

Já o ser ativo assume plena responsabilidade por seus atos, corre atrás daquilo que almeja e jamais espera pelos outros para realizar os sonhos.

Pare um pouco agora e reflita quantas vezes você já agiu de forma passiva perante a vida.

Faça isso sem censura ou culpa. Não se julgue por nada, apenas pense e se veja como observador em vez de observado.

Caso não consiga, relembre a última vez que procurou culpados em vez de corrigir os problemas. Pense nas vezes em que culpou seus filhos por sua infelicidade, ou o seu cônjuge por seu sofrimento e falta de paz.

Se você, todas as vezes em que agiu sem se preocupar no quanto magoou outras pessoas, tivesse procurado dentro de si respostas para tais coisas, será que sua vida não seria um tanto diferente hoje?

Agora que refletiu sobre as questões acima, pegue uma folha de papel (ou mesmo seu notebook, celular ou tablet, o que preferir) e responda:

1) Para mim autorresponsabilidade significa...
2) Aceitar a responsabilidade por minha carreira e felicidade implica mudar as seguintes características em mim...
3) Eu me vi fugindo de minha responsabilidade quanto a minha carreira quando...
4) Às vezes fico passiva diante de...
5) Se a realização dos meus sonhos depende de mim, então...
6) Sou a única que pode mudar minha vida, então...
7) Se ninguém vem me salvar, então...
8) Sinto-me mais autorresponsável quando...

Por fim, escreva sua DECISÃO.

Declaração de responsabilidade pessoal

"Eu sou responsável. Embora eu talvez não consiga evitar que o pior aconteça, sou responsável por minha atitude em relação aos inevitáveis infortúnios que escurecem a vida. Coisas ruins acontecem; como eu respondo a elas define meu caráter e a qualidade da minha vida. Posso optar por me sentar em tristeza perpétua, imobilizada pelos obstáculos que a vida me apresenta, ou posso escolher ressurgir da dor e aproveitar o presente mais precioso que tenho – a própria vida."

3

Rita Mamede

Advogada, administradora de empresas, especialista em Cerimonial e Protocolo pelo Comitê Nacional de Cerimonial e Protocolo (CNCP) e pela Organización Internacional de Cerimonial y Protocolo (OICP); Gestão de Imagem Corporativa, pela Ilana Berenholc; e Consultora de Imagem e Estilo, pela Dress Code Intl. Reúne *expertise* em cultura árabe e chinesa, com uma vivência de mais de dez anos, assegurando uma posição de referência em treinamento de pessoas e empresas em temas relacionados a cultura, comportamento, etiqueta social corporativa, *dress code* e protocolos árabe e chinês.

A escolha é sempre sua

A vida é feita de escolhas e existem momentos em que precisamos parar e analisar como daremos o passo seguinte, especialmente quando esse movimento envolve também a nossa família. A responsabilidade aumenta quando nossos filhos são ainda crianças e veem em nós o porto mais seguro que existe, onde nada de ruim pode atingi-los; para onde podem ir se sentirem medo, pois lá as águas estarão sempre calmas.

É ótimo quando temos a sensação agradável de ter realizado nossos sonhos. Mais ainda quando esse sentimento envolve nossa vida pessoal, num casamento feliz com um homem admirável e filhos lindos, e engloba também o nosso lado profissional.

Formada em Direito e em Administração Pública, destaquei-me no trabalho e fiz carreira cedo, nomeada para diversos cargos relevantes no Poder Judiciário do meu estado. Bem-sucedida na profissão, com um ótimo salário. E para completar, tinha status, reconhecimento, a vaidade feminina era bem alimentada, tudo fluía bem. Esse cenário foi há pouco mais de quinze anos. E, na época, cheguei a pensar que já havia feito as minhas principais escolhas.

Mas devemos saber que o futuro é algo incerto. Minha vida estava 100% equilibrada, estava feliz com o trabalho e a família. Até meu marido receber a proposta de trabalhar no exterior, como presidente de uma empresa no Bahrein, um país do Oriente Médio.

Naquele momento, me vi num grande dilema. Qualquer decisão que eu tomasse implicaria uma renúncia muito difícil para mim! Era a minha carreira ou a minha família. Confesso que foram muitas dúvidas. Chorei muito, mas, na hora de decidir, por amor priorizei a família.

E mesmo na incerteza, meu marido, minha filha Maria Eugênia, na época com seis anos, meu filho Thiago, com treze anos, e eu embarcamos para uma nova fase. Eu não tinha ideia da cultura e dos costumes do país onde iríamos viver. O momento em que a "ficha caiu" foi quando olhei minha nova identidade, emitida pelo governo do Bahrein. No lugar da profissão, estava escrito *"housewife"*. Aqui no Brasil seria "do lar". Imagine isso na sua identidade!

Desde a chegada, em muitos momentos me vi numa espécie de batalha emocional. Quando me dei conta do meu estado de espírito, estava me afogando em revoltas, dúvidas, insegurança, medo e lágrimas. A carga emocional que criei começou a cobrar de mim um preço alto. Passei por situações que jamais imaginei.

Um dos piores momentos, já de início, foi quando mudamos para a nossa casa. Fui ao mercado pela primeira vez, após deixar meus filhos na escola. Enchi o carrinho de compras e no caixa fui totalmente ignorada pela atendente e pelos funcionários. Esperei algum tempo, quis argumentar, mas foi em vão.

Fiquei desesperada, precisava das compras, mas saí de lá sem nada. Sentei no carro e chorei. Meu marido estava viajando. O jeito foi levar meus filhos em um restaurante. Além da tristeza e revolta, sem nada entender, me senti muito ofendida, sem ter a menor ideia de nada.

Dias depois, um novo fato me deixou mais infeliz. Na ida a uma papelaria com meus filhos, um carro descontrolado bateu forte no meu! O vidro era escuro e, quando abri a porta, havia muita gente em volta. Eu vestia jeans, camiseta e havaianas. Fiquei espantada com a reação das pessoas ao me verem. Foram se afastando como se eu tivesse uma doença contagiosa. Tive muito medo.

Veio um policial que, rudemente me mandou tirar o carro dali. Também nesse dia meu marido viajava. Liguei para a secretária da empresa dele, que veio rápido com o motorista, disse para eu entrar no carro e fechou a porta. Meu marido ligou e o motorista explicou a ele que eu não estava "vestida adequadamente". Mesmo tendo sido a vítima, fui considerada culpada pelo acidente.

Estive à beira de um ataque de nervos; filhos pequenos e um marido em constantes viagens pelo Oriente Médio. Fiquei com raiva de tudo: dele, do país, de todos! Começou um processo de tristeza e de depressão, que acabou por gerar uma doença autoimune, mais tarde diagnosticada como Doença de Crohn.

Foi numa manhã, quando acordei com uma dor forte e tive uma hemorragia abdominal. Nossa empregada indiana, Harita, chamou a ambulância e, no dialeto dela, ficou rezando umas coisas que eu não entendia. Achei que morreria.

Após exames e o diagnóstico, comecei o tratamento, me sentindo muito mal emocionalmente e tentando controlar tudo para que as crianças não sofressem. Mas meu filho, ao ver os exames, acabou descobrindo a doença e entrou numa depressão pior do que a minha. Imaginem, um menino no início da adolescência, se adaptando a uma nova cultura, descobre que pode perder a mãe a qualquer momento. Ver Thiago naquele estado fez nascer em mim uma força incrível! Tornei-me resiliente e decidi que precisava melhorar.

Nascia um novo propósito! E Harita e sua avó (na Índia), diariamente, por telefone, me ajudaram na cura, e mais, a mostrar que minha vida podia ser melhor. Foram várias rezas para mim, e uma afirmação: "Não se preocupe, a senhora não vai morrer, pois tem uma missão bem maior e isso tudo é passageiro".

Mas a depressão era forte e eu vivia trancada em casa, sem fazer nada. Tudo mudou quando Harita um dia me trouxe de presente uma *abaiah*, a vestimenta das muçulmanas no Oriente Médio. Primeiro me indignei! Afinal, já estava tudo escuro na minha vida, e usar aquela roupa preta só faria piorar!

Então ela me fez acreditar que a avó faria um trabalho espiritual comigo, e para dar certo eu teria que vesti-la e ir a diferentes lugares. Só mais tarde compreendi a real intenção delas: mostrar-me como a vida podia ser leve e que a *abaiah* não era o peso que eu imaginava.

No supermercado com Harita, fui bem atendida! Depois fomos passear no centro da cidade. Ela quis mostrar-me como as coisas podiam ser leves, naquela paisagem que até então me amedrontava, e que era eu que estava colocando um peso na minha vida. Mais tarde, ao pegar meus filhos na escola, foi pura diversão ao me verem trajada à "moda" local!

A vestimenta estava sendo importante para minha aceitação nos lugares e minha atitude positiva diante do novo quadro. Me vestir conforme a tradição de lá não tirava a minha fé, nem os meus valores, era só uma questão de escolha. E para melhorar, meu filho começou a sair da depressão e nos permitimos viver bons momentos no Bahrein, um lugar que tem o pôr do sol mais lindo do mundo! Minha vida mudou e a da minha família também.

Com a avó de Harita aprendi: "A escolha é sempre sua". Tudo é uma questão de decisão, que começa quando a gente acorda. "Somos turistas nessa paisagem terrena. Hoje a sua paisagem é essa, não é outra. Aproveite para viver sem carregar peso, sentindo e vivendo a paz e a alegria. Tudo é fruto das nossas escolhas."

Passei a amar o país. Fiz amigas, a vida mudou e eu me reconstruí. Com pouco mais de três meses de tratamento médico, fiquei curada. Mas ainda havia um vazio: uma ocupação. Criei novo propósito e resolvi estudar protocolo árabe. Já conhecia a cultura e passei a fazer treinamento de executivos e de profissionais liberais que vão trabalhar naquela região. Passado o meu caos pessoal, eu tinha descoberto uma nova profissão!

Após anos no Bahrein, nova mudança: meu marido iria trabalhar na China. De início foi uma tristeza coletiva. Novas dúvidas, mas dessa vez, ao chegar lá, decidi ir ao consulado brasileiro e falar do meu trabalho. O cônsul, muito atencioso, deu todo o apoio para eu estudar o protocolo chinês.

Montei com um amigo uma empresa de *trading*, para atender a redes de supermercados no Brasil. Durante os preparativos das Olimpíadas de 2008, nosso trabalho foi bom. Foram novos aprendizados, uma nova experiência de vida. Saímos da China, em nova mudança, dessa vez para Dubai – novamente o Oriente Médio. Lá continuei trabalhando em treinamento e consultoria de protocolo árabe para brasileiros. Passei a ter mais visibilidade nesse mercado e a minha clientela aumentou.

Foram cinco anos proveitosos. Nossos filhos se prepararam para ingressar em boas universidades norte-americanas. Mas outra vez veio a notícia de que nos mudaríamos, dessa vez, de volta ao Brasil. Um novo recomeçar, outra surpresa para todos nós. E acreditem, aqui também não foi fácil.

Hoje atuo na profissão que descobri no Bahrein. Agora consigo aplicar o que aprendi naqueles tempos difíceis. Transformei aquele propósito inicial em algo maior. Cada vez mais, busco transmitir esse conhecimento adquirido com a minha experiência pessoal somada aos meus estudos para o máximo de pessoas, em palestras e treinamentos. Algo gratificante que faço com entusiasmo. Em nosso trabalho, e até mesmo em nosso dia a dia, a gente pode realmente fazer diferença na vida dos outros.

Hoje, analisando, percebo com clareza que, desde que me deparei com o dilema de manter a carreira de sucesso no Brasil ou manter nossa família unida seguindo meu marido, essa escolha que fiz de um novo recomeço foi a mais marcante de todas. Porém, minha insatisfação inicial foi por ter feito uma escolha sem alinhar a um propósito de vida.

Errar é humano, mas quando nos permitimos ser resilientes, aprendemos com nossos erros. Com tudo que vivi, hoje vejo o quanto cresci emocionalmente, especialmente com relação a minha grande missão como mãe; acima de tudo, pude continuar a ser o porto seguro para os meus filhos.

O meu amor pela família foi o motivo principal que norteou a minha decisão de recomeçar em outro país, lugar que eu via com hostilidade, mas que hoje reconheço como uma das escolas da vida onde mais aprendi.

Ao findar este resumo da minha história, crio um novo propósito na vida, que vai ao encontro do desejo de outras mulheres; reunidas em nome de uma nobre causa, criamos em conjunto outra missão: a de que nossas experiências pessoais narradas aqui possam ajudar muitas outras como nós, em seus desafios diários.

Sua bússola pessoal *(Propósito)*

Determinar o propósito de nossa vida é um passo importante para descobrir o que importa para nós – para nossa existência e nosso trabalho.

A palavra *propósito* na língua portuguesa pode adquirir vários sentidos dependendo da composição da frase. Em uma consulta breve ao *Dicionário Aurélio*, os primeiros significados dessa palavra são: 1) tomada de decisão; 2) aquilo que se pretende alcançar ou realizar. Assim, o propósito de sua vida é exatamente esse, seu motivo para ser, e o impacto que deseja causar no mundo.

Um propósito pode ser algo "grande", capaz de afetar o mundo inteiro, ou talvez seja mais pessoal, atingindo principalmente você e sua família. É possível também que você tenha mais de um propósito, então não fique preocupada. Independentemente do que você decidir, não há resposta correta, ela é pessoal.

Mãe, esposa, namorada, tia, filha, madrinha, neta, empresária, funcionária, voluntária, cuidadora, escritora, educadora... Mas, afinal, quem, de fato, somos nós? Como a sociedade nos vê? E o mais importante: como nos enxergamos diante dessa sociedade e do mundo? Somos realmente autênticas, ou usamos várias máscaras para disfarçar a nossa verdadeira essência?

Pesquisas mostram que muitas mulheres em seus quarenta e sessenta anos de idade acabam passando por um momento em que se questionam sobre qual é o seu propósito de vida. Isso costumava ser chamado de Crise da Meia-Vida, mas o que elas enfrentam, na verdade, é uma busca de sua própria identidade, de seu propósito. Durante essa fase, a idade nos traz mais experiências, os filhos começam a deixar a casa, as amizades adquiridas por meio dos filhos já não têm um fio comum, as doenças e a morte dos pais prevalecem, o trabalho já não traz satisfação, e os casais muitas vezes se divorciam. Além disso, nossa consciência passa a nos cobrar certas ações que tomamos ao longo da nossa trajetória... e as que deixamos de tomar... Em outras palavras, você sente a necessidade de realizar uma forte avaliação sobre onde queria estar na vida *versus* onde realmente está.

A busca pelo propósito é uma necessidade comum a todos nós. Ninguém é imune a esse evento; mesmo aqueles que parecem ter uma "vida perfeita", em algum momento, se questionam sobre quem são e por que estão aqui. E para nós, mulheres, que muitas vezes passamos a vida inteira exercendo vários papéis, vivendo para a família, para o trabalho, para a sociedade e, com frequência, nos esquecendo de nós mesmas, essa busca por encontrar o verdadeiro significado da vida, de acrescentá-lo em nossas prioridades, é fundamental.

Nossa verdadeira identidade é quem somos sem os rótulos. Quem você sonha ser. Quem você ousa ser. Esse período de autorreflexão pode ser positivo, pois talvez faça você eliminar aquilo que não está mais em sincronia com quem você é hoje.

A busca pelo propósito...

Se pensarmos em termos históricos, a busca por um sentido de plenitude, de pertencer a algo maior, já envolve a mente humana há muito tempo, bem antes da chegada de Jesus à Terra. Há muitos e muitos séculos, os druidas já buscavam o desenvolvimento da personalidade humana, visando a sua evolução. As qualidades ativas dos homens e das mulheres, ou seja, seus talentos dominantes, tudo que ajudasse a encarar as adversidades, os obstáculos, até mesmo a morte, era trabalhado para ampliar a autoconfiança do ser humano.

Tais ensinos expandiam nas pessoas o sentimento do que é correto e justo, da independência, da liberdade de escolha de cada indivíduo – o livre-arbítrio, independentemente de quem fosse, com o intuito de encontrar o seu caminho, a sua missão, o seu propósito maior durante a sua jornada no mundo.

Viver sem um ideal, sem saber qual caminho seguir, era como viver apenas por viver. Como um barco a velas que navega à deriva, e, dependendo da direção do vento, pode encontrar um porto seguro, ou então ser levado para longe, ficando eternamente perdido em um imenso oceano de incertezas. Assim ficamos nós quando levamos uma vida sem um propósito claro, sem uma direção precisa, que venha ao encontro dos nossos anseios e desejos mais nobres.

Haverá, então, uma fórmula especial que nos indique o modo correto de saber qual é o nosso verdadeiro propósito na vida? Nossa missão neste mundo? Claro! Conhece-te a ti mesmo! É por meio do autoconhecimento que descobrimos a nossa verdadeira identidade, nosso Eu verdadeiro, e aí reside a capacidade de ouvir a voz da nossa alma nos chamando a realizar a nossa missão aqui na Terra.

Nas palavras do líder espiritual Sri Prem Baba: "Nós, seres humanos, trazemos uma porção da consciência divina que deseja se expandir e se expressar por meio de nós. Também trazemos um código, um programa, algo a ser realizado. Esse programa é o propósito da alma. Nós viemos para este mundo justamente para realizar esse propósito". Saber e ter claro o propósito de vida aumenta as chances de satisfação de viver e ter a sensação da felicidade plena, pois, quando se tem certeza de algo, essa convicção vai sobreviver mesmo com o passar dos anos.

Somos um pequeno Universo...

A ciência há algum tempo estuda as semelhanças entre a estrutura do Universo e as células do nosso cérebro. Um estudo feito na Universidade da Califórnia mostrou as equivalências entre as redes neurais do cérebro e as galáxias.

Existe, porém, uma particularidade que distingue bem esses dois cenários. A ordem e a harmonia reinam por todo o Cosmo. Não ocorrem choques entre planetas, são bilhões de galáxias e cada qual com bilhões de sistemas solares, havendo, ao que tudo indica, uma perfeita sintonia harmônica por entre todos os corpos celestes. Mas e quanto a nós, mulheres, quanto ao nosso pequeno mundo interior, o nosso microcosmo? Por que tantas vezes nossas ideias parecem funcionar em total desarmonia com os nossos sentimentos?

Ao longo de nossa existência, uma grande parcela da humanidade vive em um eterno conflito existencial, em um total desalinho com o seu Eu Superior, nossa centelha divina. Não conseguimos estabelecer uma relação afetiva saudável entre quem aparentamos ser e a nossa verdadeira essência.

Muitas mulheres acabam influenciadas pela opinião dos outros, deixando de dar ouvidos a sua voz interior; não levam em conta que na prática somos todos semelhantes, ao menos no corpo físico, com os mesmos órgãos, tecidos, ossos, nervos... Mas no que há de mais etéreo, nossa essência, cada uma de nós tem a própria personalidade, a própria identidade, algo que já se diferencia desde o momento em que nascemos.

Também é assim com nosso propósito. Cada uma de nós vai manifestá-lo de maneira distinta, muito pessoal. Várias têm diversos objetivos claros, outras têm poucos. E a esse propósito estão atrelados os nossos sonhos, as nossas aspirações, o nosso sentido maior de viver e realizar a missão de nossa vida. É a luz que nos conduz aonde realmente queremos chegar, nos fazendo evoluir enquanto seres humanos, proporcionando o uso dos nossos talentos, da nossa criatividade, por meio do nosso trabalho voltado para algo que consideramos sagrado, a que nos dedicamos com amor. Seja na nossa família, seja na nossa profissão, seja na sociedade como um todo.

Um bom exemplo disso é a história da Rita apresentada no início deste capítulo. Ela viveu o dilema de ter de escolher entre uma carreira bem-sucedida e o casamento. Foi morar em um país com uma cultura completamente diferente da dela. Entretanto, tudo o que na hora parecia escuro em sua vida acabou tornando-se a luz que a conduziu para onde ela queria chegar. A Rita agarrou a oportunidade de evoluir como ser humano, fez uso de seus talentos e a conduziu em direção ao que para ela era sagrado – a família. Ela ouviu seu *verdadeiro eu*, e, além de prezar pela linda família que construiu, a *expertise* de quem viveu um longo período no mundo oriental trouxe a Rita a paixão por uma nova profissão, na qual hoje ela é igualmente bem-sucedida.

Quando deixamos de dar ouvidos ao nosso Eu – a nossa verdadeira essência, que se manifesta por meio da nossa intuição –, por medo de errar, preferimos escutar as opiniões que vêm do mundo externo. Essa ação vai gerar uma reação, e a vida cobrará de nós um preço alto pelas escolhas feitas em desalinho com o nosso propósito de vida.

Sentimentos como mágoa, arrependimento, frustração, desencanto com a nossa imagem e com a nossa conduta pessoal passam a se tornar âncoras pesadas que nos impedem de levar o barco da nossa vida para onde queríamos. Afinal, no instante em que deveríamos traçar o roteiro a ser seguido (na busca do nosso propósito maior, da nossa missão no mundo), delegamos a outros o leme da nossa vida.

Na ânsia de acertarmos, de sermos bem-vistas e aceitas na sociedade, buscando uma "falsa segurança", criamos uma muralha sentimental baseada na hipótese de errar ou fracassar, ou no medo de sofrer. Ideias nocivas do tipo: "se fulana ou fulano se deu bem nessa área, certamente eu também me darei" ou "se eu me arriscar e seguir meu sonho, talvez não dê certo". Traçamos um propósito de vida equivocado, pois a nossa intuição foi silenciada por nossas escolhas mal elaboradas. E, como resultado, acabamos prisioneiras dentro de muros imaginários criados com a ilusão de que nos protegeriam.

Não somos apenas um corpo que pensa. Temos uma alma, ou espírito, o ser etéreo que coabita em nós e que representa o elo que nos mantém em sintonia com o nosso Criador. Somos as protagonistas da nossa própria história. A caneta que escreve nas páginas do livro da nossa existência jamais deveria sair de nossas mãos. Quantas de nós hoje, ao ler estas reflexões, podem se dizer realizadas externamente, porém ainda sentem um vazio e uma frustração inexplicáveis no coração? Por deixar de ouvir nossa intuição, nos tornamos *experts* em *fazer* as coisas bem-feitas, mas não sabemos *ser* o que sonhamos um dia.

No momento de tomar uma decisão, de escolher qual caminho seguir na vida, faltou alinhar as nossas escolhas aos propósitos interno e divino de nossa alma. Aquilo que o sentimento do amor nos tentou mostrar por meio da nossa intuição. E, quando deixamos de unir o nosso *ser* com o nosso *fazer*, o que criamos para o nosso mundo interior é um cenário escuro, cheio de dúvidas, angústias e temores. Ficamos à deriva no oceano de ideias equivocadas e decisões tomadas sem levar em conta a nossa essência divina; nossa missão no mundo, nossa vocação – o nosso propósito nesta vida.

Uma estrada... duas direções...

Imagino que você deve conhecer a história de Alice no País das Maravilhas. Talvez se recorde de que, quando perdida, ela avista uma estrada com duas possibilidades de caminho. Confusa, sem saber o que fazer, encontra um curioso gato falante, a quem faz a pergunta:

– Mestre Gato, estou perdida, qual deve ser o caminho a seguir?

Ele responde prontamente:

– Isso depende de aonde quer ir.

– Ora, isso não importa – retruca Alice.

– Nesse caso, se não sabe para onde vai, qualquer caminho serve!

Agora, vamos refletir sobre aonde você está indo; quanto do seu tempo você passa se questionando acerca dos acontecimentos do seu dia a dia? A dúvida que muitas vezes se instala em nossas cabeças com relação ao nosso desempenho profissional e até pessoal deve-se ao fato de não darmos a devida atenção aos nossos sentimentos mais profundos. Quando mencionamos a famosa frase vinda da Antiguidade grega: "Conhece-te a ti mesmo", estávamos nos referindo a uma profunda autoanálise do nosso Eu; uma viagem interior em busca do nosso autoconhecimento.

"Autoconhecimento é sinônimo de lembrança de si mesmo. Quando nos lembramos da nossa identidade real, retornamos automaticamente ao caminho do coração, que é o programa da nossa alma. Esse é o encaixe", diz Prem Baba.

Quando deixamos de dar ouvidos a nossa intuição, a nossa voz interior, o tamanho do prestígio e do sucesso que alcançamos na vida se torna indiferente. O sentimento de angústia e a sensação de insatisfação e de vazio vão se apoderar de nós. E, mesmo nesse estado de incerteza, muitas de nós demoram a perceber, pois estamos tão empenhadas em conquistar um lugar ao sol a todo custo, em provarmos para nós e para o mundo o quanto somos capazes, tão ligadas no mundo que nos cerca, que nos esquecemos de dar atenção ao nosso universo íntimo.

Meu livro pessoal...

A história de nossa vida não tem rascunho, já que não há como voltar no tempo. Ela vai ocorrendo de acordo com o modo como é vivida, e essa é a beleza da nossa existência. Por isso, protagonizar a própria história, delegando a nós mesmas os papéis que queremos assumir (empresária, esposa, aluna...), constitui um desafio. Muitas de nós se perdem no roteiro porque delegam a outros o desafio de escrevê-lo e nos damos por satisfeitas em viver como coadjuvantes. Isso representa uma falta de consciência de si mesma e é mais comum do que podemos imaginar.

Devemos fazer aquilo que realmente nos brinda com o sentimento de alegria e plenitude. E isso se aplica a todas as áreas da nossa vida. Precisamos colocar a alma naquilo que desejamos realizar. E essa realização deve ser movida por um propósito, aquele sentimento nobre que existe dentro de nós. Caso contrário, corremos o risco de passar a nossa existência nos esquecendo de que um dia tivemos um sonho lindo que gostaríamos que se tornasse realidade – a realização do nosso propósito de vida.

Neste momento, quantas profissionais bem-sucedidas em suas carreiras, ocupando altos cargos, deixam de perceber a que estão renunciando todos os dias, como a convivência familiar? Tudo isso por tomarem para si o desafio de alcançar metas e objetivos que nem ao menos questionaram se serviriam para elas.

São inúmeras batalhas enfrentadas com receio do julgamento alheio, assumindo o papel de guerreira sem ao menos questionar se deveriam ou se queriam estar nesses cenários. Acabamos por adquirir hábitos que não pertencem a nossa essência divina, ao nosso Eu verdadeiro, e passamos a agir de modo mecânico. Ou seja, sem critério para escolher de acordo com o nosso real propósito de vida, qualquer vida nos serve.

A energia divina que há em nós

"Todos nós temos potencialidades que devem ser desenvolvidas em sua máxima performance", diz Flora Victoria, mestre em Psicologia Positiva e especialista em Performance Humana. Ela menciona também que o pesquisador norte-americano Tom Rath, em seu livro *Are you Fully Charged?* ("Você está totalmente carregado?", em tradução livre), descobriu em suas pesquisas que as pessoas mais energizadas no dia a dia são aquelas que têm clareza do próprio senso de propósito. E, sob esse aspecto, estamos falando de energia vital, disposição para o trabalho, e não de motivação.

Quando damos ouvidos a nossa voz interior, ela nos mostra o caminho que devemos seguir. Por vezes, tenta nos dizer que há algo fora do lugar, e isso se manifesta sob a forma de dúvidas, temores, inseguranças, na sensação de vazio e insatisfação. Por outro lado, porém, essa mesma voz nos motiva a seguir em frente, quando descobrimos em nós a magia de executar uma ação que nos traz o sentimento de felicidade e plenitude, ou seja, algo feito com amor e dedicação, ao agirmos em sintonia com o nosso propósito de vida.

Todas temos, ou ao menos deveríamos ter, momentos decisivos ao longo da nossa jornada que nos fizessem parar, realizar uma autoanálise, como se déssemos um mergulho dentro de nós para repensarmos o nosso papel diante da sociedade, mas principalmente do nosso *verdadeiro eu*. Essa viagem interior se chama autoconhecimento.

Coragem para encarar frente a frente nossa imagem no espelho...

Tudo no mundo passa por constantes transformações. O que ontem fazia sentido, hoje talvez já não esteja de acordo com nossos planos, nossas expectativas. Mesmo um propósito de vida pode ser modificado.

Precisamos estar abertas a aprender com os desafios que a vida nos traz, a ter a coragem e a clareza de executar mudanças quando necessário. De posse do nosso autoconhecimento, de sabermos interpretar nossos sentimentos, sejam eles temerosos ou assertivos, torna-se mais fácil encontrar o nosso pote de ouro no fim do arco-íris; ter clareza de nosso propósito de vida e ter a certeza de que as escolhas que fazemos vão nos colocar em sintonia com a força que rege o Universo; que finalmente estamos fazendo a nossa parte para tornar o mundo um lugar melhor para viver.

Passando por um processo de redescoberta sobre si mesma, você identifica as suas habilidades e competências para quebrar paradigmas do impossível, estabelecendo novas metas e traçando novas rotas alinhadas ao seu desejo maior de servir com amor. A partir desse momento, você se descobre em estado de plenitude e satisfação, por estar fazendo exatamente aquilo que sempre sonhou em fazer, sendo quem realmente é.

O melhor instante de repensar a nossa existência pode ocorrer, inclusive, naqueles momentos de insatisfação. Eles nos fazem observar as possibilidades e as oportunidades ao nosso redor. Com isso, vemos que algo diferente pode ser feito. Mas, para tanto, é preciso se ouvir. Perceber o que está em sintonia com as próprias vibrações divinas. A esperança ressurge e toma conta de cada célula do nosso corpo. Assim, devemos permitir a magia da fusão da nossa mente e da nossa intuição, unindo-se e completando-se em nosso coração, alinhadas ao propósito maior – a nossa missão no mundo.

No entanto, é preciso o querer, a força de vontade que nasce no fundo do ser para mudar uma situação no momento em que for necessário. E, quando não brota espontaneamente, a vida nos dá uma chance para que tenhamos uma nova página em branco a fim de continuar escrevendo os próximos capítulos. Quando deixamos isso acontecer, o propósito maior de nossa existência desabrocha. E é fácil reconhecê-lo, pois a ele vem atrelado o desejo de servir com dedicação e amor.

O nosso propósito maior...

O propósito de vida é o que você sente que deve fazer, e esse sentimento confere sentido e razão ao seu viver; é um objetivo maior, carregado de sentimentos que preenchem a nossa alma; é aquilo que buscamos alcançar, não apenas visando aos sucessos material e financeiro, mas muito mais a nossa realização enquanto agentes construtoras de um mundo melhor. Uma nobre missão de vida.

Quando nos distanciamos do nosso propósito, as coisas parecem perder o real sentido. É como se não se encaixassem dentro de nós.

Peças parecem sobrar ou faltar. E nesse momento aparece aquela sensação de estar insatisfeita sem saber exatamente com o quê. Diante desse quadro, uma autoanálise, uma parada a fim de respirar e olhar para dentro de si mesma e buscar se perceber enquanto pessoa, tentando encontrar respostas para perguntas simples do tipo: "O que há de errado comigo?" ou "Por que não me sinto feliz se conquistei a posição que almejava no meu trabalho?", fazem-se mais do que necessárias.

Para superar as adversidades do caminho, é fundamental ter a disposição de se observar com atenção, despida de traumas e preconceitos, livre de rótulos e modelos predeterminados pela sociedade que nos cerca. É o instante de ouvir a voz do seu coração, recordar aquele sonho antigo que a alegrava só de imaginar "como seria ótimo se..." ou "o que eu mais quero na vida é...".

Todas temos talentos naturais, habilidades que nos diferenciam umas das outras e que nos possibilitam crescer enquanto mulheres únicas que somos. Tanto em termos morais, sociais, econômicos e espirituais. O que ocorre muitas vezes é que acabamos por sepultar dentro da alma os nossos sonhos, nossos desejos, e deixamos de aproveitar as riquezas que o Universo nos disponibiliza. Ou seja, essas potencialidades estão em nosso domínio para fazermos uso delas de modo útil na realização do nosso propósito de vida.

Para definir o senso de propósito, podemos pensar em responder às seguintes perguntas:

1) Quais são as minhas potencialidades, no que sinto que sou realmente muito boa?
2) Como tenho vivido meus dias na grande parte do meu tempo? Tenho feito o que me traz satisfação e alegria?
3) Se não precisasse ganhar dinheiro, continuaria fazendo as mesmas coisas?

4) O que mudaria na minha vida se não dependesse do julgamento de outras pessoas?

5) Como posso contribuir com meus talentos para um mundo melhor e ainda me sentir totalmente realizada com isso?

Gratidão por contribuir

Como você pode perceber, o propósito tem uma beleza muito maior por trás do seu próprio conceito. É a da contribuição. Todas temos a capacidade de reciprocidade em relação ao Universo, e é essa habilidade que mantém o equilíbrio da sustentabilidade da sociedade, gerando harmonia na distribuição e na reprodução da satisfação plena e da felicidade.

Observe que o propósito de vida e o sentimento de gratidão se encontram conceitualmente durante toda a jornada. Quanto mais faço o que gosto com amor e dedicação, quanto mais percebo que faço diferença onde me encontro, mais me sinto pertencer a algo maior do que eu e, desse modo, mais quero contribuir para esse lugar maior em que me encaixo.

Em um trecho do livro do líder humanitário e mestre espiritual Sri Prem Baba intitulado *Propósito – A coragem de ser quem somos*, ele compara a expansão da nossa consciência ao crescimento de uma árvore:

> *A raiz representa nossas memórias, nossas heranças, nossos ancestrais, ou seja, nossa história na Terra. Ao mesmo tempo em que nos mantém aterrados, a raiz não nos deixa cair. Ela é o que dá sustentação ao tronco da árvore, que, por sua vez, representa nossos valores e virtudes consolidados. Quanto mais forte o tronco, mais alto podemos chegar. Os galhos representam os desdobramentos das nossas virtudes em dons e talentos; as folhas representam o impulso de vida e a nossa*

eterna capacidade de renovação. E, quando conseguimos nos tornar canais do amor, através dos nossos dons e talentos, brotam flores e frutos que representam justamente o que viemos realizar, o que viemos oferecer ou entregar ao mundo. As flores e os frutos representam a manifestação ou a realização do nosso propósito de vida.

Talvez você esteja se questionando se vale a pena viver a missão de vida com senso de propósito. Diremos que as decisões racionais são, de fato, muito importantes; por outro lado, devemos também ouvir e, quando possível, seguir aquilo que o nosso coração solicita de nós, estando atentas à nossa intuição, buscando um diálogo sincero com o Eu superior, com a força Divina e Criadora de todo o Universo.

É fundamental ter um objetivo em mente, uma meta que esteja alinhada com o nosso propósito maior neste mundo, como a necessidade de transformar a nossa vida. Trata-se de uma entrega pessoal a esse processo de conhecimento e transformação. Sem pressa, sem medo, porque só chegaremos onde queremos se dermos um passo de cada vez.

O principal da nossa história não é chegar ao destino que traçamos, e, sim, aprender com a viagem. A jornada na busca do nosso propósito de vida faz parte do processo. Não podemos ir ao encontro do sucesso sem passar pelo caminho que leva a ele. E isso não garante que tudo dará certo, porque pode haver mudanças no meio do percurso, mas vamos encarando dificuldades, surpresas, alegrias, problemas, desafios a serem superados. Assim como a natureza não dá saltos, tampouco o fazemos; vamos caminhando, passo a passo, reinventando a nossa vida.

Viver o senso de propósito vai além da qualidade de vida; nos confere saúde, energia e disposição para viver plenamente. Aprendemos que sucesso é a construção da jornada, e não um destino; cada nova experiência nos traz um novo aprendizado e aos poucos a nossa consciência vai se transformando.

Aprender a olhar com atenção as lições que a vida nos dá, os erros e percalços, como sendo degraus que impulsionam você para o futuro é um claro sinal de que está caminhando na direção correta, seguindo o seu coração na busca do seu propósito maior. Nesse momento, nosso centro de força emerge do fundo dos nossos sentimentos. E somos capazes de enfrentar as dificuldades e prosseguir.

Claro que mesmo aquelas dentre nós que são perseverantes passam por instantes de incerteza e insegurança, ou pelo temor de fracassar. Todas nós, em algum momento da vida, acabamos vivenciando tal emoção. Ainda assim, quando nos sentimos fragilizadas, podemos e devemos ter a crença e a fé de que, apesar das adversidades, se dermos mais um passo além do que acreditamos conseguir, buscando dentro de nós nossa autoconfiança e determinação, estaremos certamente indo ao encontro da nossa essência, daquilo que confere sentido à nossa história de vida – do nosso propósito.

Em cada experiência que já vivenciamos, seja no âmbito pessoal ou profissional, as pessoas que conhecemos, os lugares por onde passamos, se estivermos conectadas com o nosso Eu, por meio do nosso autoconhecimento, saberemos quando for a hora de mudar.

A mulher que tem intimidade consigo mesma, com suas emoções, seus sonhos, seus temores, suas aspirações, suas angústias, é capaz de identificar dentro de si, se estiver caminhando na direção errada, o sentimento de insatisfação e vazio que lhe acomete. Isso ocorre quando, mesmo apesar do aparente prestígio e reconhecimento pelo trabalho, seu coração a alerta de que há algo errado. Alguma coisa está fora do lugar, pois não há o sentimento de plenitude e de verdadeira realização.

Muitas vezes, a vida nos cobra uma atitude acerca de nós mesmas e do rumo que daremos ao nosso destino. Ter de tomar uma decisão ousada requer de nós muita coragem e determinação, e nem sempre estamos dispostas a deixar o nosso "porto seguro", trocando o certo pelo duvidoso.

Muitas vezes, o fantasma do medo bate à nossa porta e, se não nos protegemos, acabamos caindo em suas garras e sendo imobilizadas por completo. No entanto, não podemos deixar que o nosso medo decida por nós! Esse monstro invisível que tanto nos incomoda vai tentar a todo custo fazer com que deixemos de nos tornar a melhor versão de nós mesmas.

Nós, mulheres, não devemos delegar poder aos nossos temores. Se assim agirmos, o medo pode nos impedir de viver a vida de maneira plena. Sempre que permitimos que o temor sobressaia, estamos dando mais poder a esse sentimento que anda sempre de mãos dadas com a insegurança. Comparando simbolicamente com a história indígena do avô falando ao neto dos dois lobos que existem dentro de nós, no nosso caso o lobo mau representa os nossos medos, nossos fracassos, nossas angústias e incertezas, e o lobo bom representa a nossa coragem, os nossos sonhos, nossa busca pessoal pelo sentimento de realização e plenitude na vida – o nosso propósito. Na história, ao questionar o avô sobre qual dos dois lobos é o vencedor, o avô lhe responde: o que você alimentar!

Encontrar o real propósito na vida e realizar um sonho...

Qual é a emoção maior em nossa vida que não a de realização dos nossos sonhos? E, quando falamos em sonhos, estamos englobando tudo, a união perfeita com alguém que nos faça vibrar na alma os mais nobres sentimentos, a família, os amigos, as viagens. Profissionalmente falando, os sonhos englobam o sucesso que sempre desejamos, o reconhecimento por nosso trabalho e dedicação, o salário justo que julgamos merecer. Tudo isso poderia ser resumido na busca e na conquista do nosso propósito maior na vida.

Isso tudo é possível desde que a mulher assuma seu papel não apenas diante da sociedade e do mundo, mas principalmente diante de si mesma e de seus anseios mais profundos. Saber entender a linguagem dos nossos sentimentos deveria ser um fato real na vida de toda mulher. O que a encanta e faz feliz, o que ela ama fazer e faria mesmo de graça, se não precisasse de dinheiro para viver.

Sabe-se que, hoje em dia, as mulheres estão conquistando de maneira plena certos setores do mercado de trabalho. Muitas ocupam altos cargos, muitas se tornam bem-sucedidas na carreira. Há as que se sentem totalmente realizadas em todos os sentidos. Por outro lado, há mulheres que também são bem-sucedidas profissionalmente, mas vivem em um conflito interno com elas mesmas e não conseguem entender por que, mesmo ganhando bem e sendo reconhecidas pelo seu trabalho, não se sentem satisfeitas, completas. Há certo vazio inexplicável na alma.

Quando aprendemos a nos conhecer melhor, nossos pontos fortes, nossos pontos fracos, nossos talentos dominantes, torna-se mais fácil e mais claro entender quando algo dentro de nós está em desarmonia com o todo. Viver de aparências, e aqui me refiro à aparência de estar de bem com a vida em todos os sentidos, é algo que provavelmente a mulher que não se sente completa não consegue manter por todo o tempo.

Quando não alinhamos nossos planos, tanto pessoais quanto profissionais, ao nosso propósito de vida, é certo que, mais dia, menos dia, teremos de encarar o fantasma da insatisfação pessoal, que virá cobrar de nós a má escolha que fizemos. Quando insistimos em caminhar na direção oposta à dos nossos sentimentos, sem um propósito específico, corremos o sério risco de ficarmos presas a uma rotina angustiante por anos a fio. Ou podemos passar dias e dias mergulhadas em arrependimentos, nos questionando sobre como teria sido a vida se não tivéssemos dado tanta importância à opinião dos outros e tivéssemos seguido a nossa intuição, a nossa voz do coração.

Quando trabalhamos duro em algo que não é plenamente gratificante (mesmo que valha a pena financeiramente falando), o trabalho acaba sugando a nossa essência, drenando toda a nossa energia vital. Assim, chegamos ao final do dia muitas vezes insatisfeitas com o nosso desempenho, esgotadas física e psicologicamente, até mesmo deprimidas e irritadiças. Acabamos agindo mecanicamente, sem um real propósito naquilo – não há amor no que fazemos! Não houve clareza de propósito ao escolhermos nossa carreira.

Faça um autoquestionamento: Você precisa de fato desperdiçar seus dias dessa forma? Não mesmo! É possível recomeçar. O primeiro passo é olhar para dentro de si com atenção e dar ouvidos àquele desejo antigo que há muito vem sendo ignorado.

Cada pessoa neste planeta tem o seu lugar, muito embora nem sempre se dê conta disso. Se nos conhecemos a fundo, e em um dado instante da nossa existência nos sentimos como uma carta fora do baralho, ou seja, não há o sentimento de pertencer a determinado lugar ou situação, é muito provável que estejamos indo contra os nossos reais valores, nossa missão enquanto ser vivo. Estar em uma profissão na qual nos sentimos "espremidas" acaba nos isolando, em termos psicológicos, prejudicando nossa produção e nossa criatividade.

Quando a nossa voz interior nos alerta: "Olhe aqui, espere um minuto. Algo errado está acontecendo!", é hora de parar e ver o que precisa ser ajustado. Não ignore a voz dos seus sentimentos mais íntimos. Devemos alimentar a nossa mente com pensamentos e ideias que façam com que um mundo de novas possibilidades surja diante de nós.

A cada nova experiência, construímos a nossa vida, pensamento por pensamento, escolha por escolha. E por trás de cada um desses pensamentos e escolhas deve estar o nosso verdadeiro propósito. É por esse motivo que, antes de tomarmos qualquer decisão, o melhor a fazer é realizar um autoquestionamento, por meio do autoconhecimento, com uma pergunta muito simples, objetiva e, sem dúvida, fundamental: Qual é a minha real missão? Ao questionar-se, escute sua voz interior, dando ouvidos a sua intuição, pois ela pode ser a estrela que vai guiá-la no seu percurso.

Não seja como Alice no País das Maravilhas que, diante de duas opções de trajeto, queria ir em frente, mas não sabia ao certo qual destino tomar; e, por não considerar importante saber o propósito da sua escolha, lhe foi sugerido seguir qualquer um.

Devemos dar atenção aos nossos sentimentos mais profundos. Um exercício de autodescobrimento, remexendo as paredes da nossa memória, com certeza nos indicará uma boa pista. Algo que sonhávamos fazer ou viver quando éramos crianças e não víamos a hora de crescer para realizar nosso sonho. Ser médica, ser cantora, ser escritora, ser juíza, ser professora, ser mãe e dona de casa, ser uma executiva de sucesso... Ser aquilo que nos trouxesse a sensação de plenitude e felicidade, pois, qualquer que fosse nossa opção, faríamos com amor. E o sentimento de amar o que fazemos está ligado ao sentimento do nosso propósito de vida.

Quando decidimos algo sem analisar quais são as nossas reais intenções, muitas vezes os resultados atravancam a nossa caminhada, chegando a nos fazer recuar ou mesmo desistir de ir em frente. Se a sensação de inquietude e estagnação estiver acompanhando você a todo o momento, como se fosse sua sombra, quando sua vontade é seguir adiante, ou mesmo o oposto, jogar tudo para o alto e sumir, este é o instante de relembrar quais costumavam ser suas motivações no passado.

E é muito provável que você localize as suas verdadeiras intenções bem escondidas lá no fundo do seu eu. Seja honesta com a imagem que se reflete diante do espelho, olhando nos seus olhos, com respeito e carinho. Pergunte a si mesma se os seus desejos, ou seja, o seu propósito, criaram as experiências que hoje você tem. E, caso se decida por mudar esses planos, como vai alterar os resultados futuros?

A partir do momento em que fazemos opções que respeitam a nossa identidade, o nosso EU verdadeiro, a vida nos dará exatamente o que foi planejado para nós: a oportunidade de expandir o nosso potencial ao máximo! Sabe aquele sentimento de gostar muito de fazer uma determinada coisa e, ao concluí-la, ser invadida por uma felicidade e satisfação pessoal porque foi feita com amor e dedicação?

É disso que estamos falando, fazer com amor, na certeza de que seus sonhos e ideais estejam perfeitamente alinhados com o seu propósito de vida. Seja o de formar uma família, abrir o próprio negócio, escrever um livro, viajar pelo mundo, ser voluntária em uma causa social – o que move você, o que a faz sentir alegria de viver e ter a certeza de que você pertence a algo maior, que você está evoluindo e agindo de acordo com os seus valores e que estes estão em sintonia com a energia do Universo.

Por essa razão, todas as mulheres autoras deste livro e da história de suas vidas, atendendo ao chamado de seus corações e cumprindo o senso do propósito maior, que é fazer com amor aquilo que acreditamos ser o certo, compartilham seus aprendizados e partilham das benesses que é viver a vida de acordo com sua missão, seu propósito.

> *"Assim como o propósito do Sol é iluminar e aquecer, o propósito do ser humano é amar. Por isso eu sempre digo que tudo se resume ao amor."*
>
> Sri Prem Baba

4

Janaina Paes

Mentora de carreira. Bacharel em Comércio Exterior e com ampla formação em Coaching. Pós-graduada em Psicologia Positiva e Gestão de Pessoas pelo IBC, e em Negociação pelo método Harvard Business School. Sua trajetória profissional desenvolveu-se de secretária-executiva a diretora-executiva de entidades empresariais em Santa Catarina. Membro ativa da Rede de Mulheres Empreendedoras de Santa Catarina. Desde 2007, dedica-se a auxiliar pessoas, empresas e profissionais liberais a cuidar, valorizar e potencializar sua carreira e imagem, atuando de forma contínua como agente de mudanças.

Dê sentido à sua vida: empreenda

Cada um de nós decide o caminho que vai percorrer na vida. Em razão disso, cada escolha que fazemos nos leva a determinada direção e nos faz abrir mão de algo em prol daquilo que buscamos. São "ingredientes" da "receita" da realização plena. Jamais se arrependa das escolhas feitas! Mesmo que você se equivoque, procure aprender com as escolhas.

Eu fui uma menina de temperamento calmo e até um pouco tímida. Sempre tive o apoio dos meus pais. Minha mãe sempre me incentivou, algo que me fez adquirir autoconfiança e desde cedo já ter certa clareza do que almejar para meu futuro.

Por outro lado, também aprendi cedo que, assim como existem pessoas que nos motivam, há aquelas que nos derrubam e nos fazem sofrer, e, muitas vezes, nem sabemos o motivo. Minha autoconfiança me foi roubada aos doze anos por um professor que, não sabendo lidar com uma dificuldade do aluno em entender a matéria, em vez de ajudar, preferiu me humilhar e me ofender, fazendo-me crer que eu nunca seria alguém na vida.

Foram tantos momentos traumáticos por conta do meu desempenho em Matemática que, quando ele me chamou de "burra" diante dos colegas, cheguei ao ponto de sangrar pelo nariz. Apenas para constar, minhas notas nas demais disciplinas sempre foram das mais altas da classe.

Na infância, passava horas na confecção de minha mãe, brincando e lendo revistas debaixo da mesa de costura. A minha leitura preferida era uma revista da época que trazia matérias sobre o meio corporativo. Minha família, apesar de me incentivar a ler, se incomodava com o fato de eu preferir ler a me divertir e passear...

Meu gosto por esse tipo de assunto continuou forte em minha adolescência, quando me entusiasmei ao assistir a *Uma secretária de futuro*. O filme me inspirou a fazer curso de Secretariado Executivo. Sempre tive sede de conhecimento, o que me levava constantemente a querer aprender mais: então passei a fazer cursos, um atrás do outro.

Quanto mais eu aprendia, mais se clarificava na minha mente o rumo que queria seguir. Havia uma certeza: profissionalmente, meu objetivo era conquistar o mundo! E, para mim, isso significava aprender cada vez mais e construir uma carreira executiva.

Aos quinze anos, resolvi começar a usar batom. Tal impulso me levou a procurar meu primeiro emprego. Fiz meu currículo baseado em um modelo que vi em uma das minhas revistas preferidas. Depois de muito andar, meu destino me levou a uma loja de comércio que aceitava adolescentes. Após entrevista (algumas perguntas a que facilmente soube responder devido ao meu hábito de ler revistas corporativas), por conta do meu entusiasmo em responder a elas, o dono da loja me contratou para trabalhar meio período. Parecia um sonho. Naquele momento, aprendi que tornar um sonho real depende exclusivamente de nós e daquilo que fazemos para alcançar as nossas metas e objetivos.

Tempos depois, aos dezessete anos, no meu segundo emprego, em um consultório de odontologia, a fim de preencher meu tempo, entre um telefonema e outro para agendamento de consultas, li a obra *Virando a própria mesa*, de Ricardo Semler, o que intensificou meu desejo de cursar uma faculdade, conhecer pessoas, viajar e explorar o mundo.

Ainda aos dezessete, decidi que não queria ter filhos. Minha mãe, como sempre, respeitou a minha opção, mas, com o tempo, as pessoas passaram a me questionar sobre isso. Anos mais tarde, percebi que minhas escolhas naquele momento colocavam minha vida profissional em primeiro plano, deixando meus sentimentos de lado. Hoje sei que essas duas dimensões – pessoal e profissional – se completam, que não devem ser excludentes.

A minha vontade e determinação no propósito de vencer profissionalmente me fizeram superar todos os desafios que surgiam. Durante um teste para o cargo de secretária-executiva, na Federação dos Contabilistas de Santa Catarina, me solicitaram que preparasse uma carta para dezoito sindicatos. Havia um computador, que eu sabia usar, e uma máquina de escrever Olivetti ECT 606, que eu nunca tinha visto, tampouco feito curso de datilografia.

Seria perfeito se eu digitasse e fizesse só a alteração dos destinatários, já que era a mesma carta. No entanto, como na vida nem tudo são flores, após algumas perguntas, veio a grande questão: "Você sabe mexer nessa máquina?". Enquanto balançava a cabeça em um movimento afirmativo, olhei para a máquina e pensei: "Preciso do emprego. Meu pai faleceu e agora tenho que ajudar em casa".

Fui deixada a sós com meus pensamentos e a tarefa de estar com as cartas prontas em duas horas, quando um dos diretores voltaria para conferir meu serviço. Naquele momento, precisei decidir rápido entre duas opções: desistir do emprego, pois de fato eu não sabia usar a máquina, ou aprender rapidamente e cumprir a meta estabelecida.

Ali mesmo fiz uma escolha que marcaria minha carreira: enfrentar e vencer desafios! Liguei para uma amiga, que vendia aquele tipo de equipamento, e pedi ajuda. Precisava aprender a operar o aparelho e fazer aquela tarefa em pouco mais de uma hora.

Quando o diretor voltou, o trabalho estava realizado. Ele ficou impressionado e perguntou se eu mesma tinha feito. Eu disse que sim; ele, então, pediu que eu lhe mostrasse como funcionava aquela máquina. Para surpresa dele, coloquei a máquina digitando sozinha. "E por que não usou o computador?", perguntou. "Porque vocês determinaram que eu fizesse as cartas na máquina. Essa era a missão a ser cumprida!", falei. O diretor sorriu e fui aprovada.

Foram nove anos de trabalho, em um período que marcou decisivamente a minha trajetória. Fiz vários cursos, tive mentores que me apoiaram e ensinaram muito. Viajei por todo o estado de Santa Catarina, conhecendo pessoas, iniciando um *networking* do qual mantenho muitos contatos até hoje; aplicava tudo o que aprendi, atendendo à Federação Estadual, o sindicato local e o Conselho Regional de Contabilidade. Organizei convenções e seminários internacionais para mais de seis mil pessoas. Tive ainda a oportunidade de criar projetos, dentre eles o Selo da Qualidade Total dos escritórios de contabilidade, com base na norma ISO 9001.

Essa experiência me fez resgatar minha autoconfiança perdida há anos. Finalmente decidi fazer vestibular. Passei. E, assim, eu começava a conquistar aquele mundo por mim tão sonhado!

O amor...

Aos 25 anos, comecei a cursar a universidade, em Itajaí, e ali descobri o amor. Apaixonei-me por um rapaz de 32 anos, na verdade, um homem. Ele era engenheiro, com carreira consolidada. Refiz meus planos do passado, descobri um mundo novo, um sonho encantado. Projetávamos o nosso casamento... eu realmente vivia um momento feliz ao lado daquele que meu coração elegeu para envelhecer ao meu lado.

No entanto, uma tragédia interrompeu os nossos planos. Meses depois de ficarmos noivos, ele sofreu um terrível acidente de automóvel. E a vida tirou de mim aquele que fazia meus olhos brilharem mais que o sol. Um abismo surgiu na minha frente. Não entendia, não me sentia... era um vazio glacial. Foram muitas perguntas sem respostas... Estava tudo tão perfeito... por quê?

Foi muito difícil aceitar aquele momento. Para suportar a dor da perda, decidi me entregar de corpo e alma e me concentrar somente no trabalho.

Sempre procurei ser forte. Com muita resiliência, nos momentos mais adversos eu buscava um jeito de superá-los e de transformá-los em algo melhor e positivo para a minha vida. Nesse momento, dediquei-me ainda mais ao meu lado profissional e aos estudos.

Enquanto isso, na faculdade, a carreira escolhida, Comércio Exterior, ainda estava ligada à minha "eterna" batalha com a Matemática. Outra vez, teria de enfrentar muitos cálculos.

O momento de transição de carreira

Em São Paulo, durante um curso de que participei, conheci Angel Moreno, meu primeiro coach. Ele me fez uma pergunta que mudaria para sempre o rumo da minha carreira: "Por quanto tempo mais você vai insistir na Matemática?".

Tentando firmar meu espaço em um ambiente focado demais nos ganhos financeiros, eu vivia em conflito com os meus reais valores. Ao ser questionada, comecei a perceber que havia outros caminhos muito mais propícios aos meus talentos do que aquele que eu me propusera a trilhar. Faltava-me ter a percepção de realmente enxergar e selecionar esses talentos, algo que Angel Moreno me ajudou a fazer.

Baseado em minhas competências e habilidades adquiridas, avaliamos minha trajetória profissional, minhas áreas de talentos dominantes, e isso me ajudou a descortinar novos horizontes em minha vida. Fizemos todo um planejamento. Finalmente percebi que meu real propósito como profissional era na área de Humanas.

Depois de concluir com ele o processo e a formação em Coaching Financeiro, voltei a Itajaí para refazer a minha base de *networking*. Fui convidada para trabalhar na *Revista Portuária*, e decidi aceitar. No entanto, na véspera de assumir o novo emprego, um telefonema no meio da madrugada veio me anunciar que mais uma vez eu teria de ser resiliente e superar a dor de uma separação definitiva. Minha melhor amiga havia falecido em um grave acidente, junto com o namorado e o filho. Poucos dias antes, durante uma longa conversa com ela, eu lhe disse o quanto era feliz por sermos amigas há tantos anos. Minha declaração de profunda amizade acabou se tornando uma despedida.

Foi um momento de profunda reflexão. Foram três grandes perdas que me marcaram demais. A morte do meu pai, a do meu noivo e a da minha melhor amiga.

A morte do meu pai arrancou um pedaço de mim. Com a perda do meu noivo, eu quis fechar meu coração para um novo amor. No entanto, com a morte da minha melhor amiga, realizei uma autoanálise: Será que valia mesmo a pena priorizar apenas a vida profissional e deixar de lado a realização pessoal? Era um grande conflito interno, com sentimentos, dúvidas e emoções...

Mais uma vez, escolhi me reerguer. Mantive a qualidade no meu trabalho na revista. Foram mais quatro anos de conquistas e sucessos junto com minha amiga Rosane Piardi, os quais serviram para me mostrar meu grande potencial. Meu trabalho passou a ser reconhecido.

Ter escolhas é importante, mas saber escolher com clareza e ter uma visão de futuro acerca dos resultados dessas escolhas é fundamental. Mesmo com todo sucesso no trabalho, chegou um momento em que me sentia sem motivação. A rotina já não me encantava. Sempre questionava como poderia ainda alcançar meu máximo potencial. Todas as minhas experiências me ajudaram a traçar o meu caminho para a autorrealização profissional... Mesmo em meio aos temores que as mudanças de emprego, de setor, de cidade me provocavam, sempre entendi que precisava ter muita coragem e dar um passo de cada vez.

Obstáculos podem surgir ao longo do caminho quando decidimos ir atrás de nossos sonhos. Pessoas e suas opiniões, nossos temores pessoais. Tudo isso faz parte de nossa história, nos auxilia no nosso crescimento como um todo. Várias vezes, quando a insegurança tentava tomar conta de mim, lembrava-me das palavras de minha mãe ao me dizer: "Se eu estivesse no seu lugar, nada me faria desistir do caminho". Eu sempre procurei provocar na minha vida uma grande transformação em busca da realização profissional e de um propósito real. Outra vez, ressalto aqui a importância do poder das escolhas.

A escolha: cuidar mais da minha vida

Há momentos na vida em que acreditamos estar realmente fazendo tudo certo. Passamos a nos dedicar ao máximo na profissão, e na vida pessoal procuramos sempre ajudar a quem queremos bem. Agimos com tanto empenho que chegamos a nos esquecer de nós mesmas. E foi numa conversa entre amigas, na qual acabamos nos exaltando um pouco, que uma delas me disse: "Você tem que cuidar mais da sua vida". Aquilo me fez chorar e refletir muito, pois, no fundo, eu sabia que ela estava certa. Decidi então virar a chave!

Depois daquele diálogo, resolvi me dedicar à formação em coaching e migrar para uma nova carreira. Fiquei mais um ano na revista enquanto preparava essa transição. Eu já tinha uma primeira formação como coaching e já estava atendendo a algumas pessoas. Sentia-me feliz e realizada com tudo aquilo.

Meu íntimo se transformava, pois eu sabia que tinha vindo a este mundo para viver uma vida extraordinária. De fato, eu estava conectada com a minha essência e amando o que conhecia sobre as formas de desenvolvimento do ser humano. Tudo então fazia sentido... Meus olhos voltaram a brilhar!

Comecei atendendo algumas amigas em casa, depois do trabalho na revista, para que elas me indicassem mais clientes. Inicialmente, atuei por permuta e fui construindo depoimentos sobre meu trabalho como coach. Assim, investia em mim e na minha carreira. De início, o retorno financeiro era modesto, mas logo percebi que aquele era o mundo em que eu queria atuar. E logo estaria exclusivamente me dedicando à nova profissão. Em dado momento, pensei: "Se eu consigo gerar boas vendas em outros negócios, vou conseguir vender meu próprio trabalho!", e criei meu próprio método!

Desde que me decidi por seguir minha intuição e ir em busca de um propósito maior como profissional, foram muitos os altos e baixos pelos quais passei. Todos fazem parte do livro da história da minha vida, escrito por minhas próprias mãos, por meio das escolhas que fiz. Cada momento de alegria, cada lágrima derramada, cada noite maldormida, cada sonho acordada. Pessoas vieram, pessoas me deixaram. Pessoas me aplaudiram, me deixei usar. Foram momentos de provas pelos quais tive de passar.

E, ao longo do caminho que escolhi percorrer, desde os meus primeiros anos de vida, no aconchego e no calor do meu lar; minhas brincadeiras, minhas leituras, a confiança depositada em mim pelos meus pais, o peso do trauma que carreguei por anos, causado pelo professor que tanto me fez sofrer e duvidar de minha capacidade, também isso me ajudou a descobrir minha força interior, a minha fé em Deus e no meu futuro, pois, desde aquele batom que comprei com meu primeiro salário, percebi o valor que as nossas escolhas têm sobre nossa vida.

Demorei alguns anos para encontrar a direção certa que me levasse aonde eu queria chegar. No entanto, desde cedo percebi que tão ou mais importante que o destino final é o caminho que escolhemos seguir. Aprendemos muito e crescemos com os erros que cometemos e acertos que fazemos. Depois de sofrer perdas caríssimas, de traições profissionais, de acumular dívidas, de ter de voltar para a casa dos meus pais, recomecei.

Hoje vejo com clareza que foram essas escolhas que, independentemente do resultado alcançado, me trouxeram exatamente aonde eu deveria estar. Isso nos agrega experiência, é o que chamamos de maturidade. Estamos onde nos colocamos!

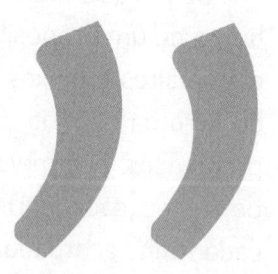

Força que molda a sua vida *(Autoconfiança)*

As baixas autoestima e autoconfiança são problemas frequentes, principalmente em mulheres, devido às cobranças sociais. Hoje em dia, apesar de se falar muito em empoderamento e luta pelos direitos femininos, ainda há muitos preconceitos e tabus que interferem na liberdade feminina.

Vivemos um momento histórico em que as oportunidades profissionais e intelectuais estão ao alcance de muitas mulheres e, embora possamos usufruir todos esses benefícios, ainda assim grande parte das mulheres não possui autoconfiança.

Nós, mulheres, somos exageradamente cobradas em nossa performance intelectual, profissional, emocional e, sobretudo, física. Precisamos ser mãe, esposa, dona de casa, profissional exemplar, descobrir o elixir da eterna juventude, ter o corpo perfeito e ainda obedecer a muitos outros padrões de beleza preexistentes para que sejamos aceitas em nossos meios. E é aí que mora o perigo!

Começando com uma reflexão sobre como está a sua vida atualmente, analise se as atitudes que toma são benéficas para você. Com relação a sua postura diante das situações, elas são, no geral, positivas? E quanto ao seu grau de satisfação pessoal, você diria que está contente consigo mesma? Se as respostas forem negativas, seu amor-próprio está prejudicado e deve ser trabalhado por meio da autoajuda – ou seja, o tratamento depende apenas de você. Esse foi um dos maiores segredos que descobrimos ao longo da nossa caminhada rumo à realização.

A autoestima baixa influencia absolutamente todos os campos da vida. Uma pessoa sem autoestima não gosta de si mesma, por isso faz escolhas ruins. Nos relacionamentos amorosos, envolve-se com pessoas que a tratam mal ou que não estão disponíveis. Nas relações pessoais, busca amigos que não agregam nada e somente "sugam". No campo profissional, não consegue evoluir, pois não tem confiança no próprio potencial nem coragem para tentar algo novo, melhor. Ao primeiro obstáculo, já desiste.

É fato que a modernidade trouxe a nós, mulheres, a possibilidade de nos expressar e mostrar ao mundo nosso valor real, que vai muito além de sermos dona de casa, mãe e esposa. A cada ano, novos questionamentos são colocados em pauta, e o potencial feminino vem crescendo de modo avassalador. Em contrapartida, estudos revelam que muitas mulheres vêm vivenciando inúmeros problemas causados pelas baixas autoestima e autoconfiança, que, juntas, são causas que impossibilitam viver uma vida de maneira plena.

O princípio

A baixa autoestima desencadeia uma série de efeitos nas mulheres, como a dificuldade de ficar sozinha, tomar decisões, definir limites, traçar e alcançar metas, estabelecer relacionamentos, além da tendência a desencadear depressões e vícios.

A insatisfação pessoal pode estar associada a um conceito inatingível. Umas se sentem acima do peso; outras se consideram feias, e há ainda aquelas que vivem uma busca sem limites quando o assunto é beleza. A cobrança por padrões pode provocar sentimentos de culpa, o que afeta a nossa saúde.

Muitas se sentem pressionadas pela sociedade ou pela própria família para se adaptarem a modelos preestabelecidos que não condizem com a realidade.

Existe uma cobrança sempre ligada à beleza e à autoestima das mulheres. "Ser bonita" se relaciona ao fato de uma mulher "se sentir desejada". Desejada por quem? E por que nos cobramos tanto isso? Somos a todo momento comparadas umas às outras, o que fomenta diretamente a competição entre mulheres, em geral pela atenção de homens ou na disputa por um prêmio, sendo que, na verdade, nem existe vencedora.

Somos ensinadas desde pequenas que "ser bonita" é importante, tornando-se, assim, algo que miramos e precisamos constantemente aparentar. Temos de estar bonitas para os outros e somos cobradas por isso (e, pior, às vezes somos as pessoas que mais acabam exigindo isso de nós mesmas). No entanto, a cobrança da beleza é algo que às vezes nos faz esquecer inclusive das coisas importantes para nós.

A baixa autoestima denuncia uma estagnação interna e uma "necessidade" inconsciente de responsabilizar/"culpar" o exterior sobre todos os acontecimentos da vida, de um modo geral. Essa estagnação nos paralisa e nos impede de buscar recursos internos e desenvolver os nossos potenciais, o que acaba por nos bloquear em todas as áreas da nossa existência.

As consequências pouco satisfatórias na vida nos levam a acreditar que não temos "o poder" interno para conseguir "mudar o mundo que nos rodeia". No entanto, é possível reverter os resultados a nosso favor, mudando o foco, as verdades, as regras, a ação, a visão, a percepção, a direção, e ressignificando tudo o que nos acontece. Tudo isso se tornará a prova viva de que é possível cocriar uma nova realidade interna e externa. Logo após pequenas mudanças, e treinamento de novas habilidades internas, todos os resultados começarão a ser diferentes, mais adequados e satisfatórios.

A importância de se redescobrir

Sabemos que não é algo tão fácil, porém também não é impossível. A autoestima, ou como nos sentimos a respeito de nós mesmas, é um aspecto importante de nosso bem-estar emocional. Quando está elevada, nós nos amamos e nos respeitamos pelo que somos e geralmente nos sentimos satisfeitos na maior parte do tempo. Quando está baixa, sinaliza que não estamos felizes com quem somos.

A baixa autoestima nos priva da autoconfiança necessária para tomar até as menores decisões. Em contrapartida, a autoestima elevada pode gerar crescimento da criatividade, despertar a ambição, melhorar as saúdes física e emocional, aprimorar as escolhas e aumentar a consciência do seu valor.

A autoconfiança é uma das habilidades mais importantes, pois afeta todos os aspectos do nosso dia a dia.

Mulheres autoconfiantes com elas próprias estão satisfeitas com o ambiente onde vivem ou trabalham. Enfrentam seus medos, assumem riscos e, na maioria das vezes, atingem os objetivos que estabeleceram. Mulheres autoconfiantes reconhecem que são capazes de encarar situações adversas, que porventura apareçam na vida, de modo racional e equilibrado, e sabem como usar as habilidades para superar os obstáculos no caminho.

Por outro lado, uma mulher que não tem autoconfiança é menos propensa a acreditar que pode alcançar seus objetivos e se sentirá negativa em relação a si mesma. Infelizmente, essa falta de confiança pode tornar extremamente difícil a transformação dessa mulher em uma pessoa bem-sucedida.

Um bom exemplo é a história da Janaina Paes, que você leu no início deste capítulo. Foi a autoconfiança dela que a fez estar disposta a superar seus medos, assumir riscos e ir além para alcançar seus objetivos. Durante toda a sua jornada, a Janaina fez o que acreditava estar certo, mesmo que outros a desencorajassem ou a criticassem por isso. E, para agir assim, é preciso confiar em si mesma e em suas habilidades.

Para aumentar sua autoconfiança, você terá de desenvolver uma atitude positiva sobre si mesma, enquanto simultaneamente aprende a lidar com as emoções negativas que possam surgir. Qualquer uma é capaz de conseguir esse tipo de característica comportamental, pois se trata de uma habilidade aprendida que pode ser praticada e eventualmente dominada. Estamos falando de algo que você pode melhorar a cada dia. Aprenda a estabelecer metas e assumir riscos, já que os desafios da vida ajudarão a melhorar sua autoconfiança.

Se não acredita em si mesma, como espera que alguém acredite?

Neste capítulo, vamos compartilhar com você algumas maneiras de como aumentar sua autoconfiança. No entanto, antes de compartilharmos as dicas, precisamos esclarecer cinco pontos:

1. O que é autoconfiança?

A autoconfiança é ser seguro de si mesmo e de suas habilidades. Em outras palavras, é a maneira como pensamos e nos sentimos sobre nós mesmos.

Esse pensamento sobre você é mutável à medida que sua situação e circunstâncias estão mudando, e é completamente normal sentir-se mais confiante em uma área e menos em outra.

2. Como e onde você ganha autoconfiança?

A autoconfiança vem de três habilidades poderosas que todos nós possuímos:
- A capacidade de pensar positivo, e não negativo, sobre você e suas aptidões.
- A capacidade de ter certeza de que possui competências poderosas (independentemente do que digam de você).
- A capacidade de continuar a pensar positivamente sobre você, não importa o quê.

Desenvolver e usar essas habilidades tornará você extremamente confiante.

3. Qual é a diferença entre autoconfiança e autoestima?

A autoconfiança refere-se à crença sobre nós mesmos, relacionada a nossos talentos e à eficácia de alcançar nossos objetivos. A autoestima refere-se a sua opinião a respeito de si mesmo e de seu valor.

Embora definitivamente relacionadas, a autoestima precisa ser desenvolvida antes que a autoconfiança surja. Sem um senso interior de valor próprio, é difícil exteriorizar confiança. A abordagem é de dentro para fora. Claro que é possível ir "fazendo de conta" até chegar lá, mas a ansiedade que acompanha esse engano pode às vezes ser debilitante.

4. Onde você obtém uma autoestima saudável?

Ao longo dos anos, incontáveis pesquisas psicológicas foram realizadas para descobrir qual é a essência da autoestima. De acordo com o professor Christopher Mruk, da Universidade Estadual Bowling Greens, em Ohio/Estados Unidos, podemos basicamente resumir todas essas pesquisas em duas áreas: competência e valor.

Competência. Se a sua autoestima é baseada na competência, sua identidade e a pessoa que você é estão diretamente relacionadas ao seu desempenho naquilo que mais lhe importa. Enquadram-se nessa categoria pessoas que sentem orgulho de vencer. Isso inclui alcançar metas, motivação e habilidades pessoais.

É irônico o fato de que ser competente em áreas que não são importantes para você, ou até ter grande sucesso nelas, não necessariamente melhore a autoestima. Deve ser uma área importante para você. O principal problema da autoestima baseada na competência é que ela pode levar a resultados prejudiciais, tais como buscar o sucesso a qualquer custo ou nunca tentar por medo de fracassar.

E, como existe a possibilidade de fracassar e o sucesso muitas vezes é oscilante, esse é um alicerce frágil sobre o qual basear sua autoestima. Essa categoria é frequentemente encontrada em culturas que valorizam pessoas bem-sucedidas, como os Estados Unidos e a maioria dos países ocidentais.

Senso de valor. Se a sua autoestima baseia-se no senso de valor, você estará mais preocupada em ser boa o bastante. É mais um sentimento do que um comportamento (caso da autoestima baseada na competência). Você faz as coisas para que os outros pensem bem a seu respeito e é mais focada no coletivo. É uma questão de sentir que tem valor como indivíduo ou que é importante para um grupo, seja ele a sua família, colegas de trabalho ou a comunidade como um todo. Essa categoria relaciona-se mais a culturas que valorizam os relacionamentos interpessoais e têm uma visão mais coletiva, como em muitos países da Ásia. O lado negativo é que uma pessoa com um conceito muito elevado de si mesma é encarada como arrogante, narcisista e egocêntrica. Nessa categoria, a sua autoestima está intimamente ligada a ser aceita ou rejeitada por outros.

Nenhuma dessas categorias é errada, mas, caso se baseie muito mais em uma do que na outra, correrá o risco de constantemente ferir sua autoestima quando aquela natureza específica for questionada. Sugerimos uma terceira opção, holisticamente mais saudável: uma combinação de competência e senso de valor.

Competência e senso de valor. Essa é uma combinação dos dois grupos acima, na qual a sua competência em realizar tarefas é equilibrada com a integridade e os valores pessoais que você defende ao realizá-las. A competência, nesse caso, significa encarar a realidade de frente e tomar decisões racionais, pessoalmente significativas, que façam você se sentir positiva a respeito da vida e que não comprometam a sua integridade.

A competência é alicerçada no desempenho; o senso de valor é alicerçado em valores, em particular os interpessoais.

Das três maneiras pelas quais podemos desenvolver a autoestima, apenas a última lhe oferece felicidade durável, estável e em longo prazo.

Onde você se encaixa. Muitas vezes, não estamos cientes do lado para o qual pendemos para desenvolver a autoestima, porque isso foi programado em nós desde o nascimento, de acordo com os valores coletivos de nossa família, amigos e sociedade. Quando ficamos mais velhos, parece totalmente normal valorizar nossa competência ou nosso senso de valor conforme nossa criação.

Por exemplo, se você recebia constantes elogios por se sobressair, a sua criação pode ter feito você valorizar mais o sucesso e as realizações. Por isso, talvez obtenha mais autoestima da sua competência.

De modo similar, a sua criação pode ter levado você a considerar sua família (ou amigos, time, religião etc.) como a coisa mais importante do mundo, e você se sente bem quando está ativamente contribuindo para a melhora disso. (Ou pode ser que tenha crescido achando que é a pessoa mais importante do mundo, então seu amor-próprio é extremamente elevado, mas você passa a impressão de ser arrogante e convencida!) Assim, a sua autoestima está diretamente relacionada ao seu senso de valor como pessoa.

Ou, talvez, você tenha baixa autoestima em geral por se sentir incompetente em ambos os grupos. Por exemplo, sua identidade pode estar intimamente ligada a sempre fazer um ótimo trabalho para agradar ao seu patrão, ao parceiro ou à parceira, ou à figura de autoridade. Quando não atinge as próprias expectativas (e isso sempre acontece na vida), sua autoconfiança é esmigalhada, e você se sente inútil e rejeitada. É um perigo duplo, que pode rapidamente levar à extrema ansiedade e à depressão.

O ponto importante é observar em qual dos lados você consegue se sentir melhor a respeito de si mesma.

De que maneira reage quando sua competência ou seu valor como pessoa são questionados?

Observe o que causa mais desconforto: entregar um relatório fraco (competência) ou ser rejeitada (senso de valor)?

Ambas as situações podem magoar, mas você geralmente se recupera mais rápido de uma do que da outra. Analise a sua vida e tente descobrir para qual lado pende mais.

5. Por que é importante ter boa autoconfiança e autoestima?

A baixa autoconfiança pode restringir a sua qualidade de vida, resultando em dificuldades de comunicação, ansiedade social e impedindo você de experimentar o sucesso em sua vivência.

Há muitos benefícios de se tornar uma mulher mais segura de si. Para mencionar alguns, você terá mais:
- felicidade e prazer na vida;
- liberdade de autodúvida, medo e ansiedade;
- controle emocional e menos estresse;
- energia e motivação para agir.

Formas de aumentar a sua autoconfiança

> *"A confiança não vem de sempre ser correto, mas de não ter medo de estar errado."*
>
> Peter T. McIntyre

Agora compartilharemos com você dezessete estratégias adotadas pela maioria de nós e que levaram nosso nível de autoconfiança a um crescimento muito rápido. Todas são fáceis de implementar e a ajudarão a se tornar mais segura:

1. Fique longe da negatividade e se concentre no positivo.

Considere seriamente fugir dos indivíduos que derrubam sua confiança. (Lembre-se: você não deve explicações a ninguém.) Em vez de dar mais atenção aos problemas em sua vida, comece a se concentrar em maneiras de solucioná-los. Quando permanece focada em seu propósito, e não nos problemas, pode ser feliz mesmo quando a vida lhe parece cair aos pedaços. Veja o positivo em tudo e se aplique a isso. Se colocar mais energia em tudo o que é positivo em torno de você, sua confiança em breve começará a brilhar.

2. Acredite, você nasceu confiante.

A confiança era sua natureza original antes que o tempo começasse a desgastá-la. Antes de começar a formar dúvidas e inseguranças sobre como as outras pessoas a veem. Quando criança, ao aprender a andar, você caiu por diversas vezes, e continuou tentando repetidamente sem perder a expectativa e sem perder a confiança. Então, por que perdemos a convicção? Porque esquecemos como ser positivas! Ensinaram-nos a perder a crença e a sentir medo antes de testar algo novo. Quando você começar a experimentar uma falta de confiança, lembre-se de que todos nascemos com ela, e todos podemos recuperá-la.

3. Mude a postura e a imagem do seu corpo.

Procure observar sua postura, sorria, olhe as pessoas nos olhos; ao conversar, fale de maneira lenta e clara. Se olhar e agir com confiança, não apenas você se sentirá no controle, mas as pessoas terão muito mais credibilidade em você também. Jogar os ombros para trás passa a impressão de que é uma pessoa confiante. Exibir um sorriso fará os outros se sentirem mais à vontade ao seu redor. Falando em aparência, arrume seu cabelo e se vista bem, o que não significa usar roupas caras. O real objetivo é se sentir bem com o que está vestindo, perceber-se poderosa, empoderada. Isso fará com que você se veja melhor com a sua pessoa, e outros vão perceber que você é forte e segura.

4. Seja gentil consigo mesma.

É importante aprender a conhecer a si mesma e a se perdoar, identificando suas fraquezas e pontos fortes. *Você pode listar* cinco coisas em que é boa, de que gosta, e outras cinco nas quais não é boa, mas gostaria de ser. Ao usar seus pontos fortes e melhorar onde há espaço para crescer, você desenvolverá confiança à medida que o tempo passa. Não seja crítica demais consigo. Aprenda a se perdoar. (Exatamente como você perdoaria a um amigo.) Na próxima vez que cometer um erro, não se insulte. Em vez disso, pratique dizendo algo como: "Eu cometi um erro, mas tudo bem. Isso não me transforma em uma pessoa ruim".

5. Nunca desista, nunca ceda e nunca aceite o fracasso.

Baixa autoconfiança é muitas vezes causada pelos pensamentos negativos que atravessam nossa mente. Se você sempre diz coisas ruins para si mesma, se tornará assim. Ao identificar seus pensamentos negativos, procure parar com eles. Torne isso um hábito! (Eles são pessimistas e inúteis, impedindo-a de alcançar sua alta autoestima.)

Ao observar o que você está repetindo para si mesma, no caso de ideias negativas, o melhor a fazer é substituí-las por afirmações positivas. Os pensamentos positivos devem receber mais espaço na sua mente do que aqueles que não o são. Combatendo a sua negatividade com positividade, com o tempo tal procedimento se tornará natural – um hábito saudável –, e seus pensamentos vão se adequar.

6. Espere sucesso.

Em vez de desejar alcançar sucesso, espere por ele. A confiança é uma combinação de várias atitudes que antecipam o sucesso. Pode parecer incomum dizer "espero o sucesso", pois você não é capaz de prever o futuro, e o pessimismo pode prejudicar seu desempenho, evitando que você obtenha sucesso. Entretanto, a ideia é se concentrar nas etapas para chegar lá, e não no sucesso em si. Passo após passo, você perceberá que as chances de alcançar seu objetivo vão aumentar ao longo do tempo. E, consequentemente, sua autoconfiança.

7. Saiba como estabelecer metas práticas.

Primeiro, você pode começar por definir um pequeno objetivo e alcançá-lo. Muitas pessoas estabelecem metas bastante altas e irrealistas e, se falham, acabam perdendo a confiança. Em vez disso, estabeleça metas menores e mais viáveis. Será mais fácil alcançá-las – assim sendo, como tal fato fará você se sentir? O conjunto de pequenas metas realistas é que fará você alcançar o que almeja, e isso aumenta – e muito – a sua confiança. Em pouco tempo, estará dando passos maiores.

8. Confie em suas capacidades.

Há muito mais para ser autoconfiante do que apenas o caminho. O efeito psicológico de confiar em si mesmo tem resultados positivos intermináveis, não importa o que outras pessoas pensem. Todos somos bons em algumas coisas e não tão bons em outras. Se não se sentir preparada para algo, perceba que sempre poderá aprender, apenas confie nas próprias habilidades. Aprender a confiar nelas levará à autoconfiança. Mas você deve fazer a sua parte.

9. Faça um esforço extra.

Uma boa ideia é assumir um projeto que você normalmente rejeitaria. Essa é uma excelente forma de praticar a confiança em si mesma, e logo se tornará uma segunda natureza.

10. Mostre sua gratidão.

Um começo pode ser pela criação de uma lista de tudo pelo que você é grata, e outra lista de tudo aquilo que tem orgulho de realizar. Considere o que mais se destaca em você (responsabilidade, senso de humor, compaixão, habilidades de escuta etc.). Sempre que sentir que seu nível de autoconfiança está baixando, veja essa lista e sinta-se inspirada novamente.

11. Mantenha sua palavra para você e para os outros.

Honrar com sua palavra é uma das maneiras mais poderosas de aumentar sua autoconfiança. Cada arranjo que você faz com outras pessoas é, eventualmente, um compromisso consigo mesma, e, quando você não o honra, seu cérebro aprende a não confiar em si mesmo.

12. Aceite e processe suas emoções.

Emoções associadas à baixa autoconfiança podem muitas vezes desencadear sentimentos como nervosismo, ansiedade, tensão e medo. Assuma essas emoções. A aceitação significa estar ciente de suas crenças. Seja capaz de mudar seu comportamento e aumentar a sua confiança. Muitas pessoas tentam se livrar das emoções por meio de drogas ou álcool a fim de se sentirem melhores, o que apenas piora as coisas para elas.

13. Abrace o desconhecido.

Você nunca será capaz de prever ou controlar tudo que ocorre no seu dia a dia. Mesmo as mulheres confiantes perdem o emprego. Lembre-se de que você não é inteiramente responsável pelo que acontece em sua vida. Nunca saberemos como será o futuro. A vida é criada momento a momento, dia a dia. Existem fatores externos também. Se você remover esse peso dos ombros, fica mais fácil sentir confiança em si mesma.

14. Descarte todos os lembretes de sua negatividade.
É necessário não gastar tempo naquilo que possa fazer você se sentir mal novamente. Procure sentir e pensar em tudo aquilo que a derruba e livre-se disso. Talvez seja hora de uma desintoxicação em sua vida, então descubra o que a está impedindo de se sentir feliz e positiva.

15. Assuma riscos.
A razão pela qual muitas pessoas nunca desempenham seu potencial não é a falta de oportunidade, mas a baixa autoconfiança. Você não aumentará sua autoconfiança ao permanecer confortável. Não vacile em assumir riscos. Esses mesmos riscos vão construir o aumento da sua autoconfiança. Mesmo que o medo apareça, busque agir e não pense demais. Apenas faça!

16. Identifique seus talentos.
Descubra aquilo em que você é boa, o que você gosta, e depois procure se concentrar nisso, expressando e aumentando o seu interesse no assunto. Tal ação adicionará uma variedade de interesses para o seu dia a dia e aumentará a sua confiança, exercendo um efeito terapêutico em sua vida.

17. E o último, mas não menos importante: Aprenda a receber elogios.
Aceite elogios dos outros com graça. Muitas mulheres com baixa autoestima não sabem como aceitar elogios. (Elas presumem que as

pessoas que as elogiam estão mentindo.) Quando você é louvada por algo que fez bem, responda com um positivo "obrigada" e sorria. Você realizou um trabalho fantástico e isso significa que pode fazê-lo novamente. Admita para você mesma e sinta orgulho daquilo que executou com maestria. Olhe para o espelho e pratique o sorriso. De acordo com estudos, as expressões em seu rosto podem realmente encorajar seu cérebro a registrar ou intensificar certas emoções. Nosso subconsciente é de fato suscetível ao que dizemos em voz alta.

Como você vai conseguir realizar esses dezessete passos? Começando AGORA! Você deve estar empenhada em praticar todos os dias. Um pouco de cada vez, mas todos os dias. Quanto mais praticar, mais sua confiança aumentará.

Como você gostaria de estar em cinco anos? Mude a imagem de quem você espera ser para *como você quer que seja*. Defina metas baixas e realistas que você poderá alcançar. Pouco a pouco, você se sentirá mais esperançosa.

Autoconfiança é um estado de espírito. Se você tem confiança, terá autoestima e acreditará que é capaz de atingir seu sucesso. Somos mulheres totalmente únicas com diferentes objetivos e sonhos que podem ser alcançados, basta nos deixarmos crescer e estarmos preparadas para aprender com nossos erros.

5

Carla Falcão

Publicitária, especialista em mídias sociais, palestrante e blogueira. Foi colunista no blog de Sidnei Oliveira na Revista Exame por três anos e criadora e editora responsável pelos blogs AmigasnaCozinha e Aventuras de Mãe. Atualmente faz parte do Comitê dos Jovens Empresários (CJE) da Fiesp. Ministra treinamentos e palestras sobre Linkedin e Marketing digital. Trabalha desde 2009 exclusivamente com redes sociais.

Um passo de cada vez

"Arequipa. Cheguei hoje aqui e me senti no Saara: isso aqui é um deserto!" Quando postei esse comentário no blog da minha peregrinação pessoal a Machu Picchu, completei dizendo que era lindo, que o passeio desse dia foi maravilhoso e que estava "tudo certo". Realmente era lindo, mas no blog eu não disse o quanto chorei naquele dia.

No meio do deserto, a sensação de solidão não parava de crescer dentro de mim, enquanto meu cabelo parecia quebrar com a areia. Foi me dando um vazio esquisito, que se juntava a questionamentos angustiantes sobre o que ia acontecer depois daquela viagem. "O que é que eu vim fazer neste lugar? Pedi demissão do emprego, larguei meu namorado, gastei tudo o que tinha para vir aqui e me ferrei!"

Eu não sabia o que ia ser da minha vida quando aquela aventura terminasse, não sabia se tentaria prosseguir minha carreira em São Paulo ou se teria de voltar para a casa de meus pais em Porto Alegre. Era realmente o fundo do poço.

Arequipa entrou no roteiro daquela viagem por causa de um convento em que havia a palavra "SILÊNCIO" pintada em um pórtico. Eu precisava de silêncio para chegar às respostas sobre o rumo da minha trajetória.

Poucas semanas antes, estava trabalhando na empresa em que queria estar, com o salário que queria, com o relacionamento, a casa e o carro que queria. As pessoas me olhavam e imaginavam que a minha vida era maravilhosa e que eu vinha conquistando tudo o que pedia a Deus... só que de repente percebi que estava tudo errado. Mesmo atingindo as metas que havia traçado para minha trajetória, eu me sentia infeliz. Atuava na área de projetos de uma grande agência de publicidade, tinha uma ótima equipe, mas vivia um estresse incessante, com a sensação de nunca terminar o que deveria ser feito e a ansiedade de querer cumprir mais do que podia. Então comecei a me questionar. Era mesmo isso que eu queria? E decidi parar. Precisava de tempo para pensar, longe de tudo e de todos.

Abrindo espaço para o sim

Sempre fui uma criança curiosa e observadora, mas também muito tímida. Talvez esse seja um dos motivos pelo qual estudei Comunicação. Ao final da faculdade, via minhas amigas indo morar um tempo nos Estados Unidos, fazendo intercâmbio, querendo ter vivência fora do país. Até achava interessante, mas já trabalhava em uma das melhores agências de Propaganda de Porto Alegre, antes mesmo de me formar em Publicidade. Não valia a pena largar. No entanto, quando terminei a faculdade, o trabalho já não estava tão bom, o namoro da época acabou, minhas amigas estavam todas fora do país, e eu continuava.

Desde os 18 anos eu anotava minhas metas pessoais e, aos 21, quando estivesse terminando a faculdade, a meta seria viajar de avião. Simples assim, mas era algo que eu nunca tinha feito. Ao mesmo tempo, precisava me aprimorar no meu trabalho, que já era focado em internet, e via que os cursos sobre isso aconteciam em São Paulo, não em Porto Alegre. Sempre fui uma pessoa proativa. Não custa tentar, propondo o que a gente precisa. O não já existe, mas podemos abrir espaço para o sim.

Realizei meu primeiro curso e ainda fiz um segundo no mesmo ano. Conversando com o professor durante o curso em São Paulo, percebi que o que eu fazia em Porto Alegre era exatamente o que ele precisava na agência que dirigia, em São Paulo. Sem pensar muito, comentei: "Faço exatamente isso lá. Tem uma vaga para mim na sua agência?". Ele respondeu que sim, perguntou se eu estava disposta a morar em São Paulo, mas desconversei porque não queria sair de minha cidade. No entanto, em pouco tempo, quando senti que havia ido bem na entrevista, fiquei mais nervosa ainda. Queriam que eu fosse para lá e acabei indo.

Daí em diante, as minhas metas ficaram maiores: trabalhar em uma multinacional, morar fora do país, participar de grandes campanhas... e tudo isso aconteceu. Dois anos depois, estava em uma agência internacional, tinha ido trabalhar no México, cuidando de clientes como a Nike e Coca-Cola, e me propuseram que voltasse ao Brasil para atender alguns clientes da agência trabalhando em casa, *home office*, em São Paulo. Deu tudo certo e, depois de algum tempo, eu estava representando várias empresas. Tudo ia muito bem, mas eu sentia falta do trabalho em agência de propaganda, de preferência uma multinacional. E novamente consegui o que queria.

Tempo de travessia

Precisava dar aquele passo, mesmo sem saber ainda a direção do passo seguinte. Para buscar algumas respostas, participei de um retiro. Após o retiro, terminei o relacionamento e um tempo depois pedi demissão da multinacional. Tinha o desejo de mudar de área, mas, na verdade, não sabia direito o que fazer.

Resolvi que faria uma viagem. "Por que você não vai para Machu Picchu?", sugeriu uma amiga. Conhecer esse destino era um sonho para mim, desde criança, quando vi um documentário sobre a trilha que se faz a pé para chegar à cidade inca. Então decidi: "Se é para fazer uma loucura, que seja bem-feita!".

Eu nunca havia feito nada assim, talvez fosse uma loucura mesmo. Essa viagem era como um chamado, eu tinha certeza de que não estava sozinha. Seriam dezessete dias de um roteiro que parecia pronto, desde sempre, especialmente para aquele momento de minha vida. Levaria meus cristais, em busca de um encontro comigo mesma e com Deus.

Durante uma caminhada com o grupo de que fazia parte, pedi a alguém que tirasse uma foto apenas minha, com uma montanha em forma de rosto ao fundo. No momento do clique, o Fábio, um dos integrantes do grupo, veio em minha direção e me abraçou: "Vamos tirar a foto os dois". Pensei comigo: "O que esse cara está fazendo aqui?". Não quis ser grossa, tirei a foto com ele, mas fiquei me perguntando por que ele tinha feito aquilo. Na quinta noite, eu me despediria do grupo, pois eles iriam de trem para Machu Picchu no dia seguinte, enquanto eu faria a trilha a pé. Junto à lareira no hotel em que estavam, eles leram para mim o poema "A travessia".*

---

*   Segundo o blog Aulas & Memórias & Práticas Prof. Gilberto, esse poema, que tem sido atribuído a Fernando Pessoa nas redes sociais, é de autoria do poeta e professor de literatura Fernando Teixeira de Andrade.

> Há um tempo em que é preciso
> abandonar as roupas usadas
> Que já têm a forma do nosso corpo
> E esquecer os nossos caminhos que
> nos levam sempre aos mesmos lugares
> É o tempo da travessia
> E se não ousarmos fazê-la
> Teremos ficado para sempre
> À margem de nós mesmos.

Esse poema retratava o momento que eu estava atravessando, e o Fábio acabou virando personagem importante dessa história. Ele, um rapaz emburrado que vi na primeira reunião com o grupo, é hoje o meu marido. E a primeira foto que fizemos juntos, aquela em Cusco, com a montanha ao fundo, está emoldurada na parede da sala de nossa casa.

Areias áridas

Depois de conhecer Lima, o roteiro da viagem começava pelo deserto de Arequipa. Como já contei no início deste texto, quis ir para lá por causa de uma foto que vi no jornal. O que me atraiu foi a palavra "SILÊNCIO" pintada em um pórtico. Era um silêncio na alma, para ver se eu escutava, talvez no sopro do vento, que rumo seguir na vida.

Em Arequipa, tive a oportunidade de visitar um mirante onde encontrei um falcão adestrado que posou para uma foto em meu ombro; ali começou o encontro de autoconhecimento. Sem saber, eu tinha ido ao deserto buscar meu falcão, animal de poder que passou a fazer parte da minha identidade profissional e pessoal.

Encontrar meu falcão teve seu preço. Se você está triste, melhor não ir para o deserto. Nesse dia, fiquei vazia. E comecei novamente a me preencher de mim.

Após o mirante, fui visitar o tão esperado convento com a placa "silêncio". Quando saí de lá, veio-me a resposta para a velha questão: Por que estar solitária naquela viagem? Porque há coisas na vida que você só vai poder viver sozinha.

Foi ali então que a minha viagem começou a ganhar brilho. Naquele deserto árido, com o falcão subindo no meu ombro para entrar no meu nome, e a placa de silêncio fazendo-se ouvir na minha alma.

Minha sombra não era eu

Imagine o que é sair do deserto, sem vida, para um lago, que é vida pura. A energia é outra. De Arequipa fui a Puno, visitar o lago Titicaca. Lá conheci gente de toda parte do mundo. Senti que tudo era parte da mesma história, no meu processo de autoconhecimento, e que a viagem estava dando certo.

Já no caminho inca, depois de um primeiro dia tranquilo de trilha, no segundo dia eu só subia, subia, subia, e a mochila nas costas foi se tornando mais pesada. Quanto mais coisas você carrega, mais distante fica do seu *verdadeiro eu*. Entendi isso ao ver minha sombra naquela trilha, montanha acima, e me deu vontade de atirar a mochila no precipício. Eu não precisava de nada para ser feliz, só de mim. E do cantil de água...

Em Lima, no dia seguinte, foi uma grande emoção assistir ao show de águas e luzes nas piletas (piscinas) do Parque de la Reserva, pois as frases projetadas sobre as imagens de todos os pontos que eu havia percorrido me diziam: "Existem coisas que você deve guardar em seu coração; são momentos que, muito mais do que fotografar ou filmar, precisamos viver". Era como se Deus falasse comigo no fechamento da minha viagem: "Seja bem-vinda à sua nova vida".

Voltei para São Paulo com uma proposta de um amigo para trabalhar em uma produtora, ganhando um salário suficiente para o meu aluguel e a parcela do carro, mais nada. Aceitei. Ah, o primeiro e-mail que li foi do Fábio. Começamos a namorar logo em seguida. Nove meses depois, noivamos, fui morar com ele em Campinas, e minha vida recomeçou, em um lugar com mais qualidade de vida, onde eu fazia o que gostava.

Jornada empreendedora

Mudei para Campinas sem conhecer praticamente ninguém além de meu marido, para trabalhar com uma área nova – redes sociais –, em uma empresa que ninguém conhecia e que não tinha cliente algum. Recomecei do zero.

Hoje realizo ações de marketing digital para várias marcas, dou aulas de redes sociais, faço palestras, treinamentos e consultorias nessa área. Assim como trabalhei com internet desde que a web começou, venho trabalhando com redes sociais desde que essa atividade surgiu.

Agradeço ao Fábio por ser o parceiro que é na minha jornada empreendedora. Ele estava comigo, passeando em Cusco, quando peguei um menino no colo. Fizemos uma foto e perguntei seu nome. Chamava-se Miguel. O nome que Fábio e eu demos ao nosso filho.

Quando engravidei, em 2014, comecei a falar sobre maternidade no blog, e assim nasceu o Aventuras de Mãe, que já surgiu grande. Então comecei a ser procurada para ajudar empresas na realização de eventos com outras influenciadoras, outras mães blogueiras.

Sentia falta de um grande evento para essas mães, reunindo empreendedorismo e conteúdo materno, atraindo blogueiras de todo o país; surgiu, então, o Social Mom Day, o primeiro congresso para mães influenciadoras digitais que empreendem nas redes sociais. Seguimos para a terceira edição, em Campinas, desenvolvendo a Social Mom, *startup* que vem crescendo cada dia mais.

Reinventando a vida

De fato, minha vida passou a ser outra desde que fui a Machu Picchu para uma viagem de autoconhecimento. Tinha um impulso e sabia que encontraria meu caminho. Mudei de cidade, de relacionamento, de profissão, tornei-me empreendedora e mãe.

Eu sabia que era importante estar atenta à intuição, ao que o coração me dizia. E ao mesmo tempo sabia da importância de ter um objetivo em mente, que era o de transformar minha vida.

No entanto, não tinha ideia de como fazer isso. Aprendi que a gente só chega onde quer chegar se der um passo de cada vez. Não é possível pular etapas. Aprendi também que a gente precisa fazer hoje o que deve ser feito hoje, nem mais nem menos, e deixar fluir.

O principal da história não é chegar ao destino que traçamos, e, sim, aprender com a viagem. A jornada faz parte do processo, não é possível pular etapas, e isso não garante que tudo vai dar certo, porque as coisas mudam no meio do caminho e vamos encontrando dificuldades, surpresas, alegrias, problemas, desafios a serem superados para seguir em frente.

Pago o preço pela minha escolha, mas é assim que sou feliz. Caminhando, construindo, reinventando a vida a cada passo.

Inspiração para a vida
(Autodesenvolvimento)

No Capítulo 1, falamos sobre a importância do autoconhecimento em nossa vida, ressaltando que, quando uma mulher conhece sua essência, pode ter maior acesso a si mesma, autodomínio e mais certeza de suas escolhas. Vimos também que, quando falta o autoconhecimento, são muitos os problemas que poderemos enfrentar, pois nos tornamos inseguras, não nos permitimos errar e passamos a ter a necessidade de agradar a todo mundo, de ser aprovadas, reconhecidas pelo que fazemos. Essa expectativa de aprovação coloca muito do nosso poder pessoal nas mãos dos outros, e esse referencial externo, e não interno, talvez crie ainda mais inseguranças e descontentamento.

Bem, com tudo que já abordamos até aqui, nessa altura concordamos que o autoconhecimento é fundamental para uma vida mais plena e autêntica. Pois bem, aí vem a parte de que vamos falar neste novo capítulo. O autoconhecimento, apesar de fundamental, só pode nos ajudar na prática se o utilizarmos com um foco claro no nosso autodesenvolvimento.

Sim, o autodesenvolvimento, pois, à medida que nos conhecemos, mais deparamos com características nossas de que gostamos e queremos, inclusive, lapidá-las, bem como outras questões que precisamos desenvolver. No entanto, quando deparamos com o que não queremos enxergar em nós mesmas, o que fazer? Temos basicamente duas opções: ignorar essa informação e seguir a vida como antes, porém repetindo os mesmos erros e problemas, ou nos propor a utilizar essa informação a nosso favor e melhorarmos. É nessa segunda opção que entra o **autodesenvolvimento**, e o primeiro passo para que ele seja realizado é olhar para si com humildade e compaixão, reconhecendo os aspectos que podem ser aperfeiçoados.

Mulheres, de modo geral cobram-se muito, querem ocupar todos os papéis de suas vidas com excelência. O papel de profissional, de esposa/companheira, de mãe, de amiga, de filha, de cidadã... E isso não é necessariamente ruim, pode ser até muito bom quando essa energia e intenção são canalizadas de forma construtiva. A questão é que muitas vezes nos cobramos tanto que nos esquecemos de que todos têm pontos a serem desenvolvidos, de que não estamos prontas, não somos perfeitas e, se perdermos a medida da cobrança com nós mesmas, isso poderá prejudicar, e muito, não só nosso próprio desenvolvimento mas também comprometer nossa autoestima e bem-estar.

Outro ponto importante é que o autodesenvolvimento nos remete às oportunidades que surgem durante nossa vida, quando precisamos fazer escolhas. Escolhas mais alinhadas às nossas metas e competências adquiridas durante nossas experiências pessoais e profissionais aumentam nossas chances de obter os resultados esperados. Ao definirmos um objetivo claro, conseguimos criar estratégias para atingir os resultados desejados, algumas das quais podem incluir aquisição de novas habilidades com um novo idioma ou mesmo uso de uma nova tecnologia, repetição de ações para criar uma nova rotina de atividades, desenvolvimento de novas competências pessoais. Muitas dessas estratégias podem ser concretizadas com nossa força de vontade e determinação.

Para facilitar o processo de autodesenvolvimento, os meios digitais nos oferecem infinitas possibilidades de acesso a informação. Cursos, grupos de discussões, redes sociais são uma importante fonte disponível para a grande maioria das pessoas, e é possível, por meio de pesquisas, trocar experiências, melhorar e desenvolver novos hábitos em qualquer aspecto de nossa vida.

Uma vida mais saudável, uma nova habilidade de comunicação, uma nova forma de vender e inclusive conhecimentos para empreender com mais sucesso estão ao acesso de todos. Basta saber onde buscar a informação.

Caso você aposte no seu autodesenvolvimento, tenha metas bem definidas, crie um plano para chegar lá, esteja atenta às oportunidades, atue de forma criativa e inovadora. Promova por sua própria conta o seu crescimento intelectual e tenha certeza de que novos empreendimentos empresariais e também novas oportunidades de trabalho surgirão com mais facilidade.

Mas, lembre-se, o perfeccionismo vai contra o autodesenvolvimento, pois, se teimamos na perfeição, fica difícil olharmos para os aspectos que precisamos desenvolver e melhorar. Essa afirmação talvez pareça um pouco contraditória à primeira vista, pois muita gente acredita que, quanto mais cobrarmos de nós mesmos, mais longe iremos. No entanto, se essa cobrança não for direcionada de forma positiva e realista, ela pode na verdade ser bastante destrutiva, pois paralisa, e faz com que a pessoa negue os próprios erros e limitações, na medida em que não se permite errar.

O papel do autodesenvolvimento em nossa vida

O autodesenvolvimento é premissa básica na vida de todos nós, portanto, quanto mais abraçarmos o fato de que podemos melhorar e crescer e aceitarmos nossas falhas e dificuldades com compaixão, mais vamos nos tornar pessoas melhores em todas as áreas de nossa vida e em nossos relacionamentos.

Isso acontece quando reconhecemos que precisamos de mais pessoas para nossa equipe, quando definimos aquelas que são nossa inspiração justamente por estarem mais adiantadas em seu processo, e até mesmo ao nos permitirmos escolher mentores; então, o caminho se tornará mais leve. A partir do exemplo de alguém, motivamo-nos a ir além e seguir em busca de nossos sonhos e projetos, e esse processo se torna uma grande alavanca de crescimento não só na carreira como na vida.

Outra característica de pessoas que cultivam o autodesenvolvimento é a firme vontade de aprender, crescer e vencer. Curiosidade e interesse mantêm as pessoas atentas na busca de novos conhecimentos e focadas nas mudanças que não param de ocorrer em todas as áreas. Assim, enfrentam os desafios da vida com determinação, coragem e cuidado nas escolhas e nas decisões.

Desse modo, podemos dizer que o autodesenvolvimento, ou seja, a *apropriação de novos conhecimentos*, é o que de mais valioso alguém poderá conquistar na vida, pois é e sempre será algo seu, que a acompanhará onde estiver e que nunca vai se perder, pois está dentro, e não fora.

A história de vida da Carla Falcão, a qual você leu há pouco, por exemplo. Em toda a sua vida, a Carla sempre teve uma visão muito clara de que, para que conseguisse alcançar seus objetivos, precisaria se aprimorar, desenvolver novas habilidades e adquirir novos conhecimentos. Quanto mais ela se desenvolvia, mais segura se sentia. Mais coragem adquiria para dar um passo mais ousado. E o processo é constante, pois, ao longo de nossa vida, sonhos mudam, objetivos mudam, e tudo bem!

A decisão consciente pelo autodesenvolvimento nos permite também ter recursos para perceber quando estamos indo no caminho errado. Descobrir o que nos traz realização pessoal é também uma grande jornada, mas que, aliada às nossas capacidades profissionais, pode trazer mais satisfação e sucesso.

Optar por um caminho inovador e desconhecido é um desafio frequente no empreendedorismo, e seguir em frente pode ser bastante caótico no início. Muitas vezes a solidão desses processos se junta a questionamentos angustiantes sobre o que pode acontecer depois de tudo.

Mas lembre-se de, em meio a tantas dúvidas e incertezas, permitir-se olhar. O autodesenvolvimento é assim. A gente precisa confiar que o caminho que estamos trilhando, por mais incerto e assustador, é fundamental para que conquistemos nossos objetivos. Afinal, autodesenvolvimento não combina com zona de conforto. É preciso sempre fazer escolhas e abdicar de algo para conquistar o que queremos.

O caminho para o autodesenvolvimento

Como tudo na vida, não existe uma fórmula para o autodesenvolvimento. Mas alguns passos nesse sentido podem ajudar.

O primeiro deles é a vontade. Sem querer não há poder. E o grande poder está na vontade verdadeira e desejosa em relação a um objetivo. As mobilizações de grandes causas e as realizações de grandes feitos na história começaram com essa simples palavra: *vontade!*

A vontade é uma força ímpar que incorpora um poder inimaginável; como dissemos, ela, quando direcionada a um objetivo, realiza feitos incríveis. O importante, porém, é que essa força esteja voltada para a construção e não para a destruição, algo que parece óbvio, não é mesmo? Mas não é.

Falamos isso não apenas aludindo a feitos na humanidade nos quais o poder da vontade foi utilizado para ambos os objetivos, o de construção, por exemplo, a mobilização do grande líder Mahatma Gandhi pela paz, mas também para realizações destrutivas, como a massiva mobilização que Hitler promoveu. Ambos utilizaram sua vontade, porém para fins bastante diferentes. Saindo desse âmbito maior e voltando-nos ao cotidiano e às pequenas escolhas do dia a dia, é importante olhar como você tem canalizado essa força magnífica em seu desenvolvimento e em suas realizações.

Quantas vezes aplicamos essa força e esse desejo para conquistar algo que no final representou nossa destruição? Por outro lado, todos também temos exemplos da aplicação dessa força em prol da construção de algo extraordinário, seja quando uma mulher se torna mãe e move o mundo pelo filho, seja em prol de uma causa que lhe toca o coração, e então ela mobiliza todos os seus recursos internos e externos para atingi-la. No entanto, muitas vezes a diferença entre o que constrói e o que destrói nem sempre é tão óbvia como no exemplo de Gandhi e Hitler; por isso, o autodesenvolvimento está intrinsecamente ligado ao autoconhecimento, como comentamos no início deste capítulo.

Assim, entramos no *segundo ponto* rumo ao autodesenvolvimento: além de querer, é preciso *saber o que quer e por quê*.

Essa autoanálise é uma constante na vida de alguém que se entregou ao autodesenvolvimento e um aspecto importante para focarmos nossos esforços nas realizações que realmente queremos.

Para quem não sabe o que quer e por que quer, qualquer caminho serve, como nos lembra o diálogo de *Alice no País das Maravilhas*, já comentado neste livro. Mas acreditamos que, como protagonista da sua própria vida, você não quer chegar a qualquer lugar; provavelmente quer chegar ao lugar que é seu, e ocupá-lo para ser feliz e contribuir para a felicidade dos outros. Assim, faça do autoconhecimento e do autodesenvolvimento seus amigos inseparáveis. Para isso, não queira trilhar o caminho sozinha, pois será muito mais árduo e muito menos divertido.

Terceiro ponto importante no seu autodesenvolvimento é que se mantenha conectada com sua *intuição*, que talvez muitas pessoas chamem erroneamente de sorte.

Muitos falam que algumas pessoas têm mais sorte do que outras em suas jornadas de vida. No entanto, se você observar a trajetória das personagens deste livro, perceberá que a maioria delas estava sempre alerta, atenta às oportunidades. Devemos nos lembrar de que muitas dessas oportunidades surgem em nossa vida disfarçadas de "problemas". Fazer uso do autodesenvolvimento é enxergar em um problema um desafio a ser vencido. Muitas autoras deste livro aceitaram novos desafios mesmo sem ter todo conhecimento necessário para enfrentá-lo. Mas, de posse de suas competências pessoais, como autoconfiança e autoconhecimento, e de sua intuição perceberam quando determinadas "oportunidades" surgiram, mesmo que estivessem disfarçadas de obstáculos. Portanto, com capacidade de se autodesenvolver, foram em busca dos resultados.

Voltando à questão da intuição, esteja sempre aberta aos pequenos sinais que podem levá-la a grandes descobertas. São percepções simples como uma palavra, uma imagem ou até mesmo uma sensação que pode ser parte importante das respostas sobre o rumo da própria vida que você tem buscado.

Aproveite para perceber se o silêncio e a introspecção meditativa fazem parte de sua vida. Se a resposta for não, como esse constante movimento a impede de se perceber e ouvir sua própria voz interior? A disposição de se olhar ajuda a trazer como resultado um novo momento que faça mais sentido para você mesma, que lhe traga mais realização.

Afinal, qual o valor que isso tem para alguém? O valor de deixar para trás o que os outros supostamente valorizam para viver uma vida mais autêntica? E em que momentos você consegue silenciar a voz da multidão e ouvir sua própria voz?

Em *quarto lugar*, aja. Tenha um *plano de ação*.

Um bom plano de ação sempre requer um prazo. Nesse caso, como o prazo é determinado por você, mantenha-se comprometida com seu objetivo de autodesenvolvimento, pois, reiteramos, é muito importante que esteja certa do que quer e por que quer.

A partir daí trace um plano. Coloque o que você deseja atingir daqui a cinco anos e quebre essa meta em metas menores, até chegar ao que fazer ao longo do ano seguinte, e depois do dia seguinte. Por exemplo, se no seu plano de autodesenvolvimento está a meta de que quer ser uma professora universitária, talvez precise primeiramente pensar em voltar aos estudos, fazer um mestrado quem sabe, ou seja, precisa pensar também no passo a passo necessário para que isso se concretize. Por exemplo, se deseja estudar, qual a melhor universidade para você? Converse com outras pessoas que já tenham feito o programa, até se matricular e começar o curso efetivamente.

Porém, para que seu objetivo seja alcançado, você teve de começar com um primeiro passo.

Em *quinto lugar, busque apoio*.

Autodesenvolvimento só é possível realmente se você deixar que outras pessoas participem de seu processo e o apoiem. Algumas delas aparecem na sua vida e, algum tempo depois, você olha para trás e vê como cresceu e aprendeu com aquela relação. Essas pessoas, muitas vezes familiares, namorados, amigos próximos, "apertam" seus botões e, com isso, você se vê em um conflito: ou se vitimará quanto àquela pessoa e situação e negará sua parte de responsabilidade, ou irá olhar para a situação e a pessoa, por mais difícil que seja, como uma oportunidade de aprender mais sobre si mesma.

Nesse processo, precisará de ajuda. Todos precisamos, em um momento ou outro da vida, de ajuda. Relutar sobre essa verdade só vai gerar mais estresse e mal-estar. Então, renda-se, aceite a ajuda que é necessária para superar essa situação e alcançar o autodesenvolvimento.

Nessa busca, as pessoas encontram várias formas de apoio, mas as mais comuns e efetivas são processos de autoconhecimento como o *coaching*, a terapia e a análise, embora haja outros.

Nós, seres humanos, temos muitos pontos cegos, e vivemos evitando olhar para nós mesmos como somos; iludindo-nos, muitas vezes desejamos tudo, menos lidar com a realidade. Fazemos escolhas ruins, e justificamos por que algo é bom, mesmo não sendo, e, apesar de nossos amigos e familiares muitas vezes nos alertarem, o aviso não adianta, pois precisamos perceber por nós mesmos o que estamos fazendo e por quê. Isso é o que caracteriza um processo de autoconhecimento, ajudando-a a olhar para si e buscar em seu interior as respostas de que precisa. Mas é muito improvável que se consiga fazer isso sozinha, pois, como disse, temos pontos cegos e nos iludimos, nos enganamos, porque não queremos parecer "maus" ou imperfeitos, e assim perpetuamos comportamentos e atitudes totalmente nocivas a nós mesmas e a nossos relacionamentos mais caros.

Tenha sempre em mente que você é capaz. Acredite em você. Treine quantas vezes for necessário. E nunca desista.

Não existe linha de chegada

Quando falamos em autodesenvolvimento, não existe linha de chegada, pois é algo para a vida toda. Além disso, vale refletir que você não está em uma corrida nem contra si mesma nem com outras pessoas. É comum que os indivíduos se comparem e, quando estamos em uma trajetória de autodesenvolvimento, pode ser ainda mais fácil cair nessa armadilha. A autora e pesquisadora Brené Brown, conhecida pelo seu famoso TED Talk chamado *O poder da vulnerabilidade* – vale a pena assistir a ele, se ainda não viu, e revê-lo se já viu –, diz que "a comparação mata a criatividade e a alegria". Essa é uma grande verdade.

Um exemplo interessante para inspirá-la. Se você trabalha em um lugar e seu chefe lhe dá um bônus inesperado de 2 mil reais, há grandes chances de você ficar feliz. Mas se seu chefe der um bônus de 5 mil reais para outra pessoa do trabalho, talvez se sinta prejudicada.

O fato de outra pessoa ter ganhado 5 mil não muda o fato de você ter sido agraciado com um valor de 2 mil, que nem esperava receber. Mas o que acontece de imediato é que você entra em uma comparação, e a conversa mental que vem com isso não é nada positiva. Possivelmente se sentirá menos que a outra pessoa, e esse turbilhão de coisas negativas vão dominando-a de tal forma que nem sequer vai aproveitar aquilo de positivo que acabou de acontecer.

Quantas vezes medimos o nosso sucesso nos comparando com o sucesso do outro? Temos um progresso, ficamos felizes e logo depois, ao nos compararmos com o que supomos ser a realidade de outra pessoa, sentimo-nos frustradas. Com o autodesenvolvimento não é diferente, por isso, ao longo do seu processo, você precisa focar em si mesma. Na sua evolução. No seu desenvolvimento. Ser a melhor que puder.

Até porque, quando nos comparamos com alguém, não temos a noção exata do que essa pessoa está realmente vivendo. Idealizamos, e isso só nos deprime. Aliás, com o advento das mídias sociais, precisamos ter consciência ainda mais acentuada de tal situação. Estudos mostram que adolescentes que usam mídias sociais em excesso, em especial o Instagram, possuem uma autoimagem pior e estão mais deprimidos, conforme publicado na revista *Superinteressante*. Isso não acontece apenas com os adolescentes, mas também com todos que têm a tendência à comparação.

Recapitulando o que dissemos até aqui, para nos desenvolvermos, precisamos ter em mente os aspectos a seguir elencados:

- **Fazer uma autorreflexão sincera e ter a vontade de mudar.**

Admitir primeiramente para si mesma quais os pontos que precisa melhorar – sem julgamentos e autocríticas –; aceitar que você é imperfeita e está em processo de aprimoramento contínuo é o primeiro grande passo para o autodesenvolvimento. Apesar disso, saiba que os seus defeitos não a definem, que você já é uma pessoa digna de amor e aceitação assim como é, e que o autodesenvolvimento pode ser um processo leve e prazeroso.

Como já dizia o grande psiquiatra e psicoterapeuta analítico Carl Jung: "Curioso paradoxo: quando me aceito como sou, então posso mudar".

- **Saber o que quer e por que quer**

Da mesma forma se apresenta o autodesenvolvimento em nossa vida; podemos seguir muitos caminhos, mas qual deles vai nos levar a ser a melhor versão de nós mesmas? O autodesenvolvimento envolve escolhas, e a questão é: onde você vai colocar sua energia?

Ao fazer escolhas, perceba que trabalhar nesses aspectos de melhoria é algo que vai aperfeiçoar seus relacionamentos de forma geral e também sua qualidade de vida.

- **Autodesenvolvimento não se faz sozinho**

Você vai precisar de apoio não apenas para reconhecer os seus pontos cegos, mas também para conseguir modificá-los.

E, finalmente, *não existe linha de chegada*; autodesenvolvimento é para a vida toda, afinal, estamos sempre aprendendo, e muito bom que assim seja, pois é isso que nos faz caminhar com vontade de viver e de nos autossuperarmos.

Considerações finais

Apesar de termos passado um passo a passo como uma ideia inicial de começar a investir em si mesma de forma mais assertiva, vale ressaltar que o autodesenvolvimento é, na maioria das vezes, caótico. Não vem como uma linha reta, com passos determinados, pois muitas vezes algo acontece e você tenta resolver, mas acaba frustrando-se, e, se você não consegue aprender o que precisa, aquela situação se repete, e então chegará o momento em que necessitará realmente parar e olhar para o que a vida está exigindo de você, o que precisa mudar e que aspecto seu precisa ser desenvolvido para que tenha sucesso não só nessa situação em especial, mas na vida de forma geral.

O aprendizado nunca cessa. E, quando você atinge certa maturidade no autodesenvolvimento, ou seja, quando se apropria dos conhecimentos que obteve e os aplica na sua vida, passa a ser um líder, um exemplo para outras pessoas que estão em uma fase anterior do próprio desenvolvimento delas; você se torna influenciadora, e seu compromisso com seu autodesenvolvimento aumenta na medida em que agora sua responsabilidade vai muito além de si mesma.

6

Helda Elaine

Palestrante comportamental e motivacional. Formada em Administração, especialista em Marketing e Comunicação Empresarial, mestre em Desenvolvimento Regional e Agronegócio, com formação Master Practitioner e Advanced Trainer em Programação Neurolinguística (PNL), Parapsicologia e Psicoterapia. Sua vasta experiência profissional como comunicadora de rádio, gestora de marketing e professora universitária também é aplicada nas palestras que realiza, para fortalecer e inspirar pessoas a viverem melhor.

Fortalecendo pessoas e somando resultados

Quando criança, ler em voz alta diante de outras pessoas era uma tortura para mim. Um verdadeiro pavor. Tudo se embaralhava, e eu ia ficando cada vez mais desesperada. Não era somente um problema de leitura, e sim de comunicação. Um medo incontrolável de falar em público.

Mas, então, como e por que acabei me tornando palestrante? Talvez possa responder com apenas duas palavras: superações e escolhas. Assim no plural, porque ao longo da vida deparamos com uma série de situações de superação e de escolha, desafios pequenos ou grandes que fazem parte da nossa trajetória. Vou contar a história com mais detalhes para que, ao final, tais palavras reflitam o forte significado que hoje têm para mim.

Saindo do casulo

Até aproximadamente três anos, meus pais chegaram a pensar que eu fosse muda. Quando finalmente falei, foi bem pouco, principalmente perante estranhos.

O pânico tomou conta deles na hora de eu ir à escola e passar a conviver com todo aquele universo de "estranhos". Sem conseguir me convencer com argumentos carinhosos, minha mãe se viu obrigada a usar um método mais drástico: a "varaterapia".

Não eram varadas seguidas de palavrões, como meus amigos contavam que recebiam, mas de argumentos positivos: "Estou te batendo para você estudar, ser uma boa pessoa quando crescer, cursar a faculdade, ter o seu dinheiro...".

Mais por ter ouvido essas frases do que pelas varadas, tornei-me excelente aluna. Porém, a ideia de falar em público me apavorava.

No sétimo ano, com doze anos, a professora Angela, de Geografia, pedia aos alunos que lessem em voz alta. Na minha vez, eu arranjava um motivo para sair com urgência da sala de aula. Ir ao banheiro, à coordenação, qualquer coisa assim.

Ao perceber a situação, discretamente a professora me perguntou o que estava havendo. Confessei a ela que ler sozinha era tranquilo, mas não conseguia fazê-lo em voz alta, na frente dos outros.

Para meu desespero, ela determinou que, a partir da próxima aula, somente eu iria fazer as leituras. Justificou: "É preciso. Você vai me agradecer mais tarde".

Até então, eu achava que fugir do problema era uma solução. Estava prestes a aprender uma lição valiosa para toda a vida: o único jeito de resolver um problema é encará-lo de frente e superar o desafio.

Felizmente a professora Ângela não desistiu. Durante uns três meses, só quem lia em voz alta na aula era eu, e a professora, em seguida, explicava o assunto lido. Aos poucos fui melhorando. Aquela professora fez a diferença e transformou minha vida.

Dois anos depois, ajudei a montar uma rádio na escola, fazia entrevistas, promovia movimentos culturais, estava completamente diferente daquela menina que antes vivia escondida em um casulo.

Do não ao sim

Aos catorze anos, era muito bom me sentir enturmadíssima na escola, fazendo várias atividades. Isso representava apenas o começo. Aos quinze, decidi ser locutora profissional.

Fui a uma das emissoras de rádio da minha cidade – a acolhedora Marechal Cândido Rondon (oeste do Paraná) –, e o diretor, de pronto, já adiantou que, sem experiência, não haveria como ser locutora.

No entanto, a resposta negativa não foi definitiva para mim. Saindo dali, caminhei direto para a emissora concorrente e pedi para falar com o diretor.

Fiquei quatro horas e quinze minutos aguardando ser atendida. E ainda lembro a gargalhada que o diretor soltou quando lhe disse que queria ser locutora: "Hahaha, tem um monte de gente que quer a mesma coisa...".

Assim mesmo ganhei a chance de ir ao estúdio para gravar. Um fiasco. O estúdio, o microfone... Naquele instante decisivo, voltei ao pavor dos doze anos, nas leituras em sala de aula.

Vendo minha força de vontade, o diretor me permitiu treinar no estúdio de vez em quando. Mas sem compromisso algum. Quando tinha um horário disponível, ia lá. Às vezes eu chegava e não podia gravar na hora, mas nada me desestimulava. E ele sempre adotou uma postura muito crítica ao ouvir as gravações.

Eu poderia ter saído de lá chorando, arrasada, e desistir, mas escolhi persistir. E depois de onze meses ele me contratou como radialista! Meu primeiro emprego.

No início, precisei trabalhar muito a minha emoção. Embora alegre por ter a minha voz na rádio, trabalhava divulgando notas de falecimento, que exigiam um tom de tristeza, compaixão. Aprendi que a oportunidade pode estar em fazer o que os outros não querem.

Quando um dos locutores ficou doente, fui convidada a fazer o programa *A Difusora bate à sua porta*. Um programa de rua, ao vivo, que exigia muita improvisação. Logo no primeiro dia, percebi que deveria me colocar no lugar do ouvinte. Diferentemente da TV, em que o espectador está vendo, no rádio o ouvinte "enxerga" com os olhos do locutor, a partir do que ele fala, descreve e comenta.

Assim, fiz um programa diferenciado e, em poucos meses, era eu quem recebia mais cartas na rádio, embora tivesse menos espaço na programação. Falando simples, de um modo que todos entendessem, fui conquistando horários dentro da programação.

Não havia curso de Jornalismo na região e, para entrar na faculdade, aos dezoito anos, precisei fazer uma escolha que mais tarde entendi como importante lição: faça o melhor com o que você tem. Fiz Administração, curso oferecido na minha cidade, estudando à noite e trabalhando durante o dia.

Depois de me formar, recebi proposta para trabalhar em uma revista no período da tarde. Mas o então diretor da rádio não aceitou. Fui para casa, conversei com os meus pais, que me deram todo apoio. Optei por deixar a rádio.

Enquanto trabalhava na revista, logo a outra emissora de rádio, aquela do "não" por falta de experiência, me contratou. Então passei a trabalhar na revista e na rádio. Depois, com o tempo, optei por sair da revista e ficar só na rádio, com salário maior e aproveitando a oportunidade de cursar pós-graduação em Marketing e Comunicação.

Por questões políticas, a direção da emissora resolveu que eu não apresentaria mais o meu programa, ficando responsável apenas pela produção de textos. Mais um "não" na minha vida, mas que resultou em um grande bem. Pedi demissão e, pouco tempo depois, surgiu a oportunidade de trabalhar exatamente na área de comunicação e marketing de uma grande empresa de alimentos.

Hoje agradeço a Deus todos os "nãos" que recebi. Cada "não" que a gente recebe tem um motivo, um porquê, uma chave capaz de nos indicar como transformá-lo em um "sim".

Prudência e ousadia nas escolhas

No Departamento de Comunicação e Marketing da empresa de alimentos, devido à minha experiência como locutora, surgiu uma nova oportunidade quando o proprietário passou a me pedir que fizesse algumas palestras para o pessoal da área comercial e da fábrica.

Em paralelo, comecei a lecionar em uma faculdade em Toledo, cidade próxima da minha, dando início a um vaivém diário, com tempo apertado.

Mesmo assim, trabalhando na empresa o dia todo e lecionando à noite, decidi também fazer mestrado em Desenvolvimento Regional e Agronegócio, em Toledo. A carreira profissional tinha a minha dedicação, era o meu foco, e tudo seguia pelo melhor caminho.

Mas eu também namorava, já pensando em casamento. Será que, por ora, não seria mais sensato colocar em primeiro lugar a carreira? E qual seria o tempo necessário para isso? Imaginei-me uns quinze anos depois, frustrada por não ter ousado no momento certo.

Decidimos pelo casamento, marcado para depois do término do mestrado. E hoje, olhando nossos dois filhos, compreendo o quanto constituir uma família pode refletir positivamente também na vida profissional.

Sempre preferi a ideia da escolha como uma inclusão, e não como uma exclusão. Sempre acreditei que é muito melhor me decidir por algo que vai se somar ao que já faço, como foi o mestrado, o casamento e tantas coisas mais.

É certo, porém, que nem sempre é possível só incluir. Depois de cinco anos na área de marketing na empresa de alimentos, tornava-se cada vez mais forte a vontade de me tornar palestrante profissional. Não fazendo uma palestra e outra de vez em quando, mas sim como atividade principal.

Portanto, pedi demissão do cargo de responsável pelo Departamento de Comunicação e Marketing, e abri a minha própria empresa para cursos e palestras. Sem nenhum contrato ou cliente, mas com o apoio total dos meus pais e do meu marido, meus maiores mentores naquela época. E com a certeza de que faria dar certo, com foco e dedicação. Havia muita prudência na ousadia daquela escolha.

Fazer o "algo a mais"

Desde os tempos de rádio, procurei transmitir um pouco mais do que o conteúdo trivial. Fazia programas bem estruturados, com o compromisso de agregar algo mais ao conhecimento do público.

Essa mesma atitude está presente nas palestras também. Não basta preparar um conteúdo interessante, ir lá e falar. Tenho o compromisso de entregar mais do que as pessoas esperam.

Como palestrante, levo a cada um a chave do "você pode". Ninguém veio ao mundo para ser mais um, mas para fazer diferença. Seja qual for a atividade ou área de atuação, é fundamental que as pessoas realmente percebam a importância de se descobrir e de sempre entregar o melhor.

Quando elevo a média, mais gente eleva a média comigo. Quando me proponho a ser melhor, os que convivem comigo também querem ser melhores. Enquanto procuro ser melhor como mãe, outras mães percebem e também decidem ser melhores com seus filhos.

Essa é a importância do nosso compromisso de fazer bem-feito e entregar o algo a mais. Um compromisso permanente, que todos nós precisamos cultivar no dia a dia.

Ser palestrante, para mim, é o resultado de minha história de superação, elemento que me proponho a usar como exemplo, estimulando outras pessoas a vencerem suas dificuldades.

Lições para lembrar sempre

O "não" que você recebe tem um motivo, um porquê, uma chave capaz de lhe indicar um modo de transformá-lo em um "sim".

As escolhas não são necessariamente renúncias.

A segurança de suas escolhas depende não só da sua própria avaliação, mas também da opinião das pessoas em quem você mais confia.

Surpreenda positivamente, entregando às pessoas mais e melhor do que esperam – ou não – receber.

Seja no campo profissional, seja no pessoal e espiritual, devemos fazer de cada instante uma oportunidade de construir um mundo melhor.

O caminho do poder
(Foco)

Imagine um mundo em que toda mulher tenha a oportunidade e o encorajamento de ser ela mesma – um mundo onde o sucesso não é medido pelo número de ações que você faz, ou pelas coisas que tem, mas por quem você é.

Por muito tempo, aceitamos que a palavra poderosa significava ser dura e agressiva, forte e controladora. Esquecemos que o poder feminino está nas próprias qualidades que nos fortalecem como mulher: nossa gentileza, nossa inclinação natural a cooperar e comunicar, nossa capacidade de recuar, ceder e estar no fluxo da vida.

Muitas mulheres alcançaram metas, tanto no campo pessoal como no profissional, com as quais nossas mães e avós só poderiam sonhar. Dirigimos corporações, competimos em maratonas, ocupamos cargos públicos, realizamos expedições, escrevemos romances premiados, organizamos universidades e, em alguns casos, criamos crianças também. Estamos tão ocupadas, de fato, que muitas vezes nem sequer temos tempo para nos perguntar: "É isso que eu quero fazer? Estou feliz na minha vida?".

Desafios, problemas e conflitos podem ser ou as sementes do crescimento, ou as da destruição. Parece útil desenvolver habilidades para resolver os desafios de forma a promover o crescimento. As habilidades de resolver problemas são um componente de qualquer desafio de desempenho, atlético, acadêmico, profissional ou pessoal. Contudo, precisamos saber aonde realmente queremos chegar. Qual o seu sonho? Você prefere alcançá-lo transformando-se em alguém que não é, ou prefere alcançar todo o poder de realização buscando ser a melhor versão de si mesma?

Muitas são as mulheres que realizam sonhos, mas sonhos de terceiros e não os seus próprios, pois muitas vezes não se permitem sonhar e muito menos realizar. Dedicam-se a realizar os sonhos dos maridos, os sonhos dos filhos... e, em parte, se realizam neles, mas, obviamente, não em plenitude.

Todas nós temos objetivos que desejamos alcançar. Percorrer o caminho até eles, muitas vezes, pode parecer difícil e até mesmo impossível. A estrada para conseguir o emprego dos sonhos, subir de cargo ou montar o próprio empreendimento pode ser longa e, portanto, desistir torna-se um pensamento recorrente.

Esse é um processo natural, mas será que não devemos fazer dele um impulso para alcançar o sucesso? Nenhuma vitória acontece sem que antes haja uma batalha. E a maior batalha não é contra um exército inimigo, mas contra nós mesmas, ou seja, combatendo um exército de incertezas e inseguranças que existe em nós e vencendo, sem nos entregarmos ao medo, ao desânimo e à desmotivação. Em momentos em que tudo parece estar perdido, é primordial acreditar, reunir força interior e persistir, pois só assim o objetivo será alcançado.

O que diferencia uma pessoa bem-sucedida de uma malsucedida é algo simples, mas imprescindível: a certeza de chegar lá. Ou seja, ambas podem enfrentar situações muito parecidas, no entanto, enquanto a primeira, mesmo diante de um cenário difícil, se fortifica e arruma forças para seguir adiante, convicta de que alcançará seu objetivo, a segunda não enxerga mais possibilidades de seguir em frente e escolhe desistir, ainda que muitas vezes estando prestes a conquistar o seu propósito.

À medida que você começar a notar e a acreditar no seu poder feminino, ficará surpresa ao perceber como as energias fluem na direção das escolhas sábias, permitindo-se uma visão mais positiva dos fatos, iluminando o seu dia a dia e atraindo outras pessoas maravilhosas e de bem para o seu entorno. A vida passará a ser vista como uma diversão.

Vamos voltar no tempo. Nos últimos anos, nós dez, autoras deste livro, tivemos a oportunidade de praticar esses princípios para o empoderamento, sobre os quais escrevemos este livro, aliada à oportunidade de praticar muitos outros princípios, alguns bem-sucedidos, outros não. Todas nós enfrentamos grandes contratempos na vida. Algumas no campo pessoal, outras no profissional; algumas sofreram com traições, perdas, separações e até mesmo enfermidades graves.

Antes de escrevermos este livro, revisitamos o passado e compartilhamos nossas histórias umas com as outras. Sorrimos, choramos, questionamo-nos. Nessa troca de confidências e experiências, percebemos que todas nós, em vários momentos das nossas caminhadas, refletimos sobre nossas escolhas: Será que estou no caminho certo? Foi isso o que sonhei para mim? Será este o melhor caminho?

Sim, também enfrentamos dúvidas. Mas não, não desistimos. Optamos por fazer novas escolhas (mais condizentes com quem somos), optamos por corrigir rotas, optamos por mudar de caminho, algumas optaram por abrir mão de algo importante, outras por dar um passo para trás para que pudessem seguir adiante.

Como conseguimos buscar ser a melhor versão de nós mesmas, tornando-nos as mulheres fortes que somos hoje? Com foco ao empregar as qualidades que nos fortalecem como mulher para alcançar aquilo que realmente queremos para nossa vida.

O foco é um processo capaz de galvanizar nossa atenção e energia em direção a um propósito singular. Da mesma forma, a falta dele pode corroer o desempenho de forma muito poderosa, anulando nossa energia e conduzindo-nos para longe dos nossos objetivos.

Quando crianças, nossos objetivos são simples e bem definidos: convencer os pais de que merecemos determinado presente, praticar algum esporte, ser aprovado na escola. Porém, conforme nos desenvolvemos, adquirindo mais conhecimento e experiências, positivas ou negativas, nossos objetivos ganham complexidade e muitas vezes acabam se tornando distantes ou até impossíveis de serem alcançados. Envolvem carreiras profissionais, negócio próprio, constituição de família, superação de enfermidade, vida saudável, felicidade. Enfim, difíceis, complexos, muitas vezes distantes.

O que diferencia as pessoas que atingem seus objetivos, as consideradas bem-sucedidas, é a forma como direcionaram suas energias e sua atenção para as etapas, para os caminhos a serem percorridos, aqueles que consideraram fundamentais nas conquistas dos objetivos. São pessoas que definiram tais etapas e deram importância a elas. Traçaram metas e focaram. Redefiniram quando necessário, mas não abandonaram o empenho e a dedicação em cumprir as etapas escolhidas.

Você leu a história de Helda. Ler em voz alta diante de outras pessoas era uma tortura. Um verdadeiro pavor. Ela não tinha a menor dificuldade para ler sozinha. Estudava com desenvoltura e só tirava notas altas em todas as matérias, mas, ler em voz alta durante as aulas, nem pensar! Não era, portanto, somente um problema de leitura, mas de comunicação. Um medo incontrolável de falar em público.

Mas, então, como e por que a Helda acabou se tornando a palestrante de sucesso que é? Talvez pudéssemos responder à pergunta com apenas uma palavra: foco.

As pessoas normalmente se desviam do foco quando há problemas na definição dos objetivos, muitas vezes não só pela distância da realidade em que vivem, como também pela escolha de uma determinada etapa, que não se tornou realmente representativa para o fim almejado.

É importante ter a noção de que, enquanto o objetivo está ligado àquilo que você quer para a sua vida, o foco depende mais daquilo que você pode na sua vida. De nada adianta desejar um casamento feliz se a relação é marcada pelo desrespeito, pela falta de carinho ou pela traição.

O nosso diferencial competitivo tem forte relação com a escolha prudente dos nossos objetivos e com a forma como definimos e nos dedicamos aos meios de alcançá-los.

Problemas podem ocorrer, considerando que não temos controle sobre acontecimentos externos. Entretanto, o importante não é o problema em si, mas, sim, o que se faz a partir dele. Por mais que você estabeleça objetivos, planeje também seus passos e se empenhe em cumpri-los, pois, afinal, é muito raro alguma coisa sair exatamente como planejada. Mas é possível entender, aprender, ressignificar e reverter o resultado a nosso favor, adaptando objetivos ou redefinindo metas.

As pessoas não falham; elas desistem. Aos poucos perdem o entusiasmo e a vontade de realizar as atividades que o objetivo exige. Então desistem, minuto após minuto, um dia de cada vez, de se dedicarem àquilo que se comprometeram a fazer. Abandonam o foco, distanciam-se do objetivo.

Outro fator importante é que muitas mulheres têm medo da pressão de definir um objetivo e acabar decepcionando filhos, marido/namorado, chefes, amigos, família e a si mesmas. Então, contaminadas pelo medo, elas mantêm os seus objetivos em segredo. Fazem isso pelo simples fato de que, se o objetivo for anunciado publicamente, existirá uma responsabilidade maior de responderem pelas suas ações.

Tal fato faz com que essas mulheres ajam assim: "Não vou falar quais são meus objetivos, pois, se ninguém souber quais os caminhos a que me propus, por mais errada que esteja, isso não fará diferença alguma e também não serei cobrada nem ficarei marcada por não atingir meus objetivos".

O caminho para chegar ao poder começa com o foco.

Simplificando, o foco envolve a capacidade de prestar atenção às coisas que ajudarão a evitar distrações, e estas prejudicarão os esforços de trabalho. Por exemplo, para terminar um relatório, você precisa se concentrar nas informações e nas análises relevantes que vai incluir nele. Você também deve evitar distrações típicas, como e-mails, fome ou cansaço, ou outras pessoas ao seu redor.

Como conseguir cumprir os objetivos traçados

Em primeiro lugar, é preciso ter clareza de que objetivos e metas não são a mesma coisa.

O objetivo é o resultado macro do que você quer alcançar. É o norte. Já as metas quantificam os objetivos, definem as etapas, ou seja, constituem os passos intermediários para se alcançar um determinado objetivo. As metas são o caminho a ser percorrido, como mostram os exemplos a seguir:

Objetivo: Comprar um carro zero quilômetro de 54 mil reais.
Meta: Economizar 1.500 reais por mês, durante 36 meses.
Objetivo: Passar no vestibular em Medicina em uma universidade federal.
Meta: Estudar 40 horas por semana, durante 50 semanas de um ano.

A partir disso, é importante definir o objetivo a ser alcançado e, em seguida, definir as metas para alcançá-lo. E, para definir as metas e alcançar os sonhos, é preciso entrar em ação. Para ajudá-la, vamos compartilhar com você os nove passos que adotamos.

Passo 1 – Defina os seus princípios

O primeiro erro que muitas mulheres cometem ao traçar metas é ir direto para *o quê?* antes de passar pelo *por quê?*

Por isso, antes de traçar qualquer objetivo ou meta, tenha bem claro quais são os seus princípios. Por que alcançar o objetivo é importante para você? Os princípios que você escolher e hierarquizar vão influenciar as suas metas e os seus objetivos.

Por exemplo, o que você valoriza mais: conforto ou aventura? A simples opção por um ou outro pode influenciar o emprego que você escolhe, o lugar onde mora, a pessoa que escolhe para compartilhar a vida, o estilo das roupas, a forma de investir o dinheiro e muitas outras coisas.

Embora todos nós inconscientemente saibamos mais ou menos quais são nossos princípios, poucos são aqueles que os colocam no papel e hierarquizam tudo de uma forma racional.

Passo 2 – Esclareça sua visão de futuro

Ainda antes de chegar às metas e aos objetivos, tenha bem clara a sua visão de futuro. Como você se vê quando cumprir as metas?

Da mesma maneira que inventores e cientistas criam soluções antes nem sonhadas, um realizador traça o seu destino primeiro na mente para depois começar a realizá-lo.

No momento de traçar sua visão de futuro, você ainda não precisará se preocupar em como chegará lá. Esse será um passo mais adiante, na definição das metas. Deixe o *como* para depois. Por agora, fique livre para imaginar como será a sua vida quando finalmente cumprir as metas e os objetivos a que se propôs.

Passo 3 – Defina as suas áreas de controle

Todos nós atuamos em diversas frentes. Todos nós temos diversas áreas de responsabilidade. Dependendo do contexto, assumimos o papel de pai, de mãe, de filho, de filha, de marido, de esposa, de estudante, de profissional, de professor, de atleta amador, de aventureiro, de jogador, de patrão, de empregado.

Definir as áreas de controle nada mais é do que classificar a visão de futuro nas diferentes frentes em que você atua. Isso serve não só para efeito de organização, mas também para mantermos nossas identidades sempre coerentes com os princípios que definimos, com uma visão clara dos diferentes papéis que assumiremos ao longo do tempo.

Neste passo, simplesmente divida suas intenções de acordo com as áreas em que atua. A seguir, uma lista exemplificativa aleatória para você adaptar à sua realidade:
- Aventuras.
- Casa.
- Carro.
- Cultura.
- Dinheiro.
- Educação.
- Esposa/marido.
- Família.
- Saúde.
- Trabalho.
- Religião.
- *Hobbies*.

Passo 4 – Trace as metas com objetividade e clareza

Traçar metas é o primeiro passo para transformar sonhos em realizações.

Muita gente acha que possui metas claras: perder peso, comprar um carro, mudar de emprego, mudar o visual, dedicar-se a mais aventuras. Na verdade, tais coisas não são metas, mas apenas sonhos, intenções, ou, como definimos há pouco, uma visão de futuro.

Quanto peso você quer perder? Que carro vai comprar? Quer mudar para qual emprego? Que visual vai abandonar? E qual vai adotar? A que aventuras vai se dedicar?

Há muito tempo, especialistas em produtividade pessoal definiram que as metas devem ser *Smart* ("esperta" em inglês), que também é um acrônimo para específicas (**S**pecifics), mensuráveis (**M**easurables), alcançáveis (**A**chievables), relevantes (**R**elevants) e com prazo definido (**T**imed). Explicando:

- Específicas – especifique detalhadamente como vai alcançar seu propósito.
- Mensuráveis – só se pode administrar o que é medido e mensurável.
- Alcançáveis – as metas devem ser desafiantes, mas passíveis de realização.
- Relevantes – a meta precisa ter significado e importância para você.
- Com prazo definido – as metas precisam ser alcançadas dentro de um período de tempo.

Exemplificando...

Em vez de sonhar que quer "perder peso", você deve definir a meta de que vai perder, por exemplo, dez quilos de gordura, mantendo o percentual de massa magra, dentro de no máximo doze meses a partir de uma data específica, para melhorar sua saúde e sentir-se mais atraente.

Observe como uma meta que cumpre os cinco critérios do acrônimo *Smart* são muito mais fáceis de serem cumpridas do que um simples e amplo sonho.

O primeiro passo para quem quer realmente cumprir uma meta *Smart* é registrá-la por escrito, sempre verificando se os cinco critérios estão sendo observados.[*]

Outra boa ideia, não incluída no conceito original *Smart*, é comprometer-se publicamente com a meta. Decidiu o que vai fazer?

---

[*] Informações obtidas em: VALONGUEIRO, André. *Como estabelecer Metas Smart e, sobretudo, como cumpri-las!* Disponível em: <https://mude.nu/metas-smart/>. Acesso em: 28 fev. 2018.

Então conte à sua família, espalhe entre os amigos, publique no seu blog, Twitter ou Facebook. Ninguém gosta de ficar mal na frente dos outros, então, uma vez que você se comprometa com todos, fica mais difícil quebrar a promessa.

Passo 5 – Elabore uma estratégia e desafios

Quando falamos em estratégia, estamos nos referindo a qualquer tipo de desdobramento de uma meta *Smart* que signifique uma sequência de ações e hábitos necessários para alcançar a (ou aproximar-se da) visão de futuro que você traçou.

E o que seriam os desafios?

Estamos falando aqui daquele *esforço extra* capaz de desafiá-lo e gerar mudanças significativas, intensas, as quais sejam "divisores de água".

Em essência, um desafio é uma espécie de "cereja do bolo". São pontos de ruptura, ações que você não sabe exatamente se estão dentro do seu campo de possibilidades.

Faça uma lista ousada de desafios, incluindo nela coisas como saltar de paraquedas, entrar em forma, praticar voluntariado, publicar um livro, conquistar independência financeira, completar um triatlo, trabalhar no que ama etc. Não confunda desafios com esportes de aventura ou algo do tipo. Um desafio pode ser algo puramente intelectual, como publicar um livro.

São os desafios que nos conduzem para a ação com mais facilidade. Muitas mulheres pensam que não conseguem, mas a verdade é que elas estão "no piloto automático", só fazendo coisas "normais", que não animam, que não as tiram da zona de conforto.

Passo 6 – Substitua hábitos ruins

A maioria das pessoas foca nas ações quando tenta cumprir um objetivo, mas para a maior parte das metas você deve dar mais importância aos novos hábitos que precisa criar para chegar à visão de futuro que planejou.

Se queremos criar uma mudança a longo prazo, devemos reforçá-la constantemente. É preciso que sejamos condicionados para ter êxito não apenas uma vez, mas rotineiramente. Pensar o contrário é julgar ser possível ir a uma academia de ginástica apenas uma vez no ano e achar que vai ter um corpão pelo resto da vida.

Não espere se sentir 100% pronto antes de se lançar em um projeto. É ilusão; nunca nos sentimos completamente preparados, e o mercado continua se movimentando enquanto isso. Reúna informações, entre de cabeça e aprenda fazendo.

Mesmo que você racionalize e saiba com clareza a imensa importância das suas metas, se não se esforçar para criar novos hábitos, com certeza acabará caindo nos velhos padrões de comportamento.

Por isso, qualquer meta *Smart*, estratégia ou desafio que você escolha precisa ter não somente um plano de ação, mas também uma estratégia para formação ou quebra de hábitos.

Passo 7 – Revise seus projetos e desafios semanalmente

Para se manter firme nas suas metas e nos objetivos, você deve estar em contato constante com o que definiu.

Pelo menos uma vez por semana, revise todas as estratégias e desafios, verificando quais ações foram realizadas e quais foram deixadas para trás.

Sexta-feira à tarde é um horário bastante recomendado, pois lhe permite entrar no fim de semana relaxado. A revisão semanal precisa ser um compromisso com data e hora marcadas.

A maneira mais eficiente de realizar a revisão é elaborar um roteiro definido e adaptado à sua realidade. Quando chegar o dia da semana que você definiu para realizá-la, basta seguir o *checklist*.

Passo 8 – Reveja suas metas mensalmente

Revise seus princípios, sua visão de futuro e suas metas uma vez por mês. A cada quatro ou cinco semanas, idealmente na primeira sexta-feira de cada mês, você deve – além de fazer a tradicional revisão semanal – executar uma revisão mensal mais ampla.

É o momento de avaliar se os seus princípios continuam os mesmos e na mesma ordem de prioridade, se a sua visão de futuro ainda é interessante e se suas metas *Smart* ainda fazem sentido.

O objetivo da revisão mensal não é apenas manter as coisas nos trilhos, mas fazer com que você melhore continuamente.

Passo 9 – Entre em ação!

Com os oito passos anteriores, você montou um sistema completo e abrangente para finalmente traçar metas e objetivos que tenham grande chance de serem cumpridos. Tudo o que aprendeu até aqui, embora importantíssimo, não gerará avanços significativos para cumprir as metas determinadas se você não agir. O que realmente vai gerar avanço é *fazer* aquilo que coletou, processou e organizou.

Tenha clareza do que você quer, foque, trace metas, desafie-se e percorra o caminho da realização. Você pode e você consegue!

7

Viviane Ferreira

Consultora financeira, palestrante e autora. Formada há mais de vinte anos em Engenharia Química pela UFSCar, especializou-se em Finanças e possui certificação internacional em Planejamento Financeiro Pessoal pela Associação Brasileira de Planejadores Financeiros (Planejar). Possui larga experiência em definição de estratégias de investimentos pessoais. Em 2015 lançou o livro *Vivificar, superando o imponderável* (em segunda edição).

A construção do novo

Amanhece em São Paulo. Acordo cedo e vou correr no Parque Ibirapuera. De repente, começo a ver as árvores e o gramado mais verdes, o céu mais azul, as pessoas vestindo roupas de cores mais vivas. E nas flores, até nas mais simples, um colorido intenso, maravilhoso, que não me lembrava de ter visto antes! Emocionada, não consigo entender o que está acontecendo. É como se tivessem tirado um véu da frente de meus olhos.

Então lembro que o oposto disso havia acontecido alguns dias antes, na terapia que eu estava fazendo para superar o trauma de um terrível acidente que marcou a vida de minha família.

Quase vinte anos se passaram, mas a lembrança do acidente continuava muito nítida. As cenas se projetavam na minha memória em cores fortes. Eu sentia até os cheiros daquele momento trágico. Meu irmão caído ao meu lado. Um jorro de sangue saindo de sua boca. Todos nós gritando seu nome, apavorados. Um carro levando o Marcos, com minha mãe e minha irmã, à procura de socorro urgente. Eu e meu pai feridos, ainda no local do acidente, e depois procurando a família nos hospitais das cidades próximas (na época não tínhamos celular). Foi impossível para minha mãe, ao volante, desviar-se do pneu que se soltou de um caminhão e se chocou pesadamente contra o nosso carro, esmagando o teto e atingindo a cabeça do meu irmão de dez anos.

A terapia me ajudou a colocar no passado as cenas do acidente. Deixei de sentir o cheiro de sangue e a lembrança visual se enfraqueceu, tingida por cores esmaecidas pelo tempo. Como se meu olhar voltasse a focar o presente. Ao perceber isso, consegui entender o que estava acontecendo naquela manhã no Parque Ibirapuera.

Minha visão de futuro também havia sucumbido naquele desastre, juntamente com meu irmãozinho. Não tinha ânimo para nada; queria me apegar ao tempo em que ele estava vivo. Mas, em busca de alívio para o sofrimento, aceitei os conselhos das pessoas que me consolavam dizendo: "O tempo é o melhor remédio. Só o tempo pode ajudar a dissolver essa dor". Então me voltei para o futuro.

Essa escolha, contudo, ainda não incluía o presente. Meu foco ficou sendo o longo prazo. O dia de hoje está ruim, mas podemos cuidar do amanhã. Comecei a reservar toda a mesada que recebia. Era chamada de "caixa-forte" na minha casa, pois tinha dinheiro guardado.

Meus pais sempre foram muito preocupados em cuidar bem das finanças de nossa família. Ele investia na compra de apartamentos pequenos no centro de Campinas, com o objetivo de alugá-los para viver dessa renda no futuro e deixar uma herança para os três filhos. Ela ajudava organizando as contas e fazendo os contatos com as empresas imobiliárias. Os dois nasceram em Guaxupé, sul de Minas Gerais. Quando se conheceram, minha mãe dava aulas na escola de uma fazenda e meu pai estava se formando como engenheiro mecânico em São Carlos. Casaram-se e foram morar em Campinas, onde nasci.

Investiam no futuro, mas viviam com alegria o presente, na companhia dos filhos. Fazíamos deliciosas viagens de férias em família, por diversas regiões do Brasil. Até que, na volta de uma viagem, aconteceu o acidente. Nos anos seguintes, tentamos superar o trauma de várias maneiras, principalmente nos mantendo em atividade. Meu pai, no entanto, embora tenha feito um esforço enorme para seguir em frente, continuava abalado com a perda do filho, como se uma parte dele próprio tivesse sido esmagada. Nove anos depois do acidente, teve uma crise fulminante de pancreatite e faleceu, aos 57 anos.

Minha mãe continuou lutando heroicamente. Além de fazer terapia, estava sempre desenvolvendo alguma atividade. Foi corretora de imóveis, dedicando-se bastante e fazendo boas vendas, e posteriormente fez curso de instrumentadora cirúrgica, trabalhando também nessa área durante alguns anos.

Enquanto isso, estudei Engenharia Química, conheci meu primeiro marido na universidade, casamos depois de um longo namoro, tivemos uma filha que me deu imensa alegria, mas o casamento não ia bem, e eu me mantinha nele porque o presente não me importava tanto quanto a visão de longo prazo. Sentia-me aliviada ao planejar as coisas que estava construindo para o futuro.

De repente, um câncer de mama, aos 35 anos, me levou a prestar atenção nas escolhas que eu vinha fazendo em minha vida e nos meus próprios pensamentos. A visão de longo prazo se dissolveu, porque o surgimento de um tumor maligno me fez perceber que as coisas podem mudar de uma hora para a outra. E que, portanto, viver pensando só no futuro não é viver!

De volta para o presente

Grandes transformações estavam acontecendo em minha vida desde 2004, quando decidi mudar de profissão. Eu fazia consultoria de meio ambiente e segurança do trabalho, conversava bastante com profissionais da empresa onde trabalhava e ficava intrigada ao ver pessoas com quarenta anos de vida profissional desprovidas de reserva financeira para uma aposentadoria digna e feliz, pois era muito forte em mim o aprendizado que tive com meu pai nesse campo.

Pesquisando sobre investimentos financeiros, vi que poderia ajudar minha mãe a melhorar as aplicações dela, pois meu pai havia falecido. Cada vez mais interessada pelo assunto, eu via, por meio de cálculos, como era relativamente fácil lidar com as finanças e construir um patrimônio no longo prazo. Comecei a ajudar também vários amigos, sentindo-me feliz em ensinar essas questões a outras pessoas, e me apaixonei pelo trabalho de educação financeira. Quando tomei a decisão de sair do emprego de oito anos para me dedicar à consultoria de planejamento das finanças pessoais, alguns amigos se tornaram clientes e até hoje são atendidos por mim.

Eu estava começando a sair do "piloto automático" ao fazer uma escolha que me deixava mais feliz profissionalmente. Mas havia muito mais a ser alterado.

A ferida emocional que se instalara em mim, a partir da dor pela morte do meu irmão, pode ter sido um fator importante para o surgimento do câncer, mas não foi o único. O diagnóstico me serviu de alerta para que dedicasse mais atenção ao momento presente, aceitasse meus sentimentos e escutasse minha intuição. Junto com os fios que foram reaparecendo na minha cabeça calva após o tratamento, brotou em mim a coragem de encarar mais um grande desafio... e pedi o divórcio. Tinha percebido que aquela não era a vida que desejava, que nós éramos muito diferentes e que eu não seria mais refém de um casamento sem amor. Queria mostrar à minha filha de três anos que podíamos ser muito felizes, vivendo intensamente o momento presente.

Minha mãe passou por momentos difíceis e acabou falecendo em 2013.

Neste mesmo ano, ao fazer exames de controle para confirmar minha alta depois de cinco anos da mastectomia, ressurgiu o diagnóstico de câncer de mama. No mesmo lado! Espantada e triste, eu perguntava aos médicos: "Como pode acontecer isso?". E eles respondiam que, "na medicina, estatísticas e probabilidades são importantes, mas nada é 100%".

Por outro lado, minha vida afetiva estava agora 100%. Três meses depois da separação, fui passar um fim de semana em Guaxupé; estava conversando com uma amiga em um bar, e ele chegou, puxou conversa e ficamos amigos. Logo descobrimos que compartilhávamos a mesma origem sírio-libanesa, nossas avós tinham sido grandes amigas, fazemos aniversário no mesmo dia, havíamos nos divorciado na mesma época e ambos estávamos morando em São Paulo. É pouco? Muitos outros pontos comuns surgiriam no convívio, que logo se concretizou. Sempre é tempo de ser feliz e recomeçar. Ele fazia questão de me acompanhar em todas as etapas do tratamento e, juntamente com minha filha, me deu um apoio maravilhoso, que foi decisivo para a cura.

Se no primeiro tratamento eu já repensei minha vida e comecei a fazer mudanças, a segunda vez me fez entrar em contato com sentimentos e aprendizados ainda mais profundos. Compreendi que a vida material e profissional, inclusive o dinheiro, não precisa estar dissociada da intuição e da espiritualidade.

As coisas boas, às vezes, vêm disfarçadas de coisas ruins. Ficou claro para mim que o segundo câncer que tive foi não só uma continuação da minha cura emocional, mas também um chamado para que eu compartilhasse a minha história com outras pessoas. Motivo para inspirá-las à felicidade hoje, independentemente de qualquer tristeza que tenham vivido no passado. Inspirá-las a se recuperar das perdas, sejam elas quais forem, e viver bem no presente. O livro resultante desse processo, lançado em 2015, chama-se *Vivificar – Superando o imponderável*.

Após o lançamento do livro, comecei a compartilhar também minha experiência de treze anos no mercado financeiro, momento em que reuni todas as coisas e compreendi a importância do equilíbrio financeiro em nossa vida.

O cuidado com as finanças e as estratégias de planejamento e investimentos foram fundamentais para eu enfrentar os desafios, e me impulsionaram para as mudanças. Por meio delas, tive liberdade para tomar decisões importantes em momentos delicados, inclusive, elemento essencial, consegui dar qualidade de vida para minha mãe em todos os momentos, quando ela estava bem e depois, ao enfrentar a doença.

É importante associar o equilíbrio emocional a um bom planejamento financeiro. Quando você passa a avaliar a rentabilidade das aplicações para tomar as melhores decisões e, ao mesmo tempo, encontrar o momento propício para fazer cada gasto, tudo se torna mais tranquilo nesse campo. Consegue se equilibrar emocional e financeiramente, conduzindo a vida como um todo, no dia a dia, de forma harmoniosa e próspera.

O que já vivemos ao longo de nossa vida é o que nos faz ser quem somos hoje. O que já fizemos é o que nos faz agir como agimos hoje, tanto nas questões emocionais quanto nas financeiras, que envolvem muitas escolhas e decisões.

É fundamental que as mulheres aprendam a cuidar das finanças. No entanto, a maioria das pessoas, homens e mulheres, não sabe fazer planejamento financeiro, e não é por acaso que metade da população brasileira economicamente ativa está endividada. Os homens precisam incentivar as mulheres próximas a eles (esposas, mães, filhas, irmãs) a aprenderem também, para que todos cuidem juntos desse assunto tão importante e decisivo.

Já pude atuar em muitos casos de mulheres que, durante a vida inteira deixando com o marido a função de cuidar do dinheiro, ao se tornarem viúvas ou divorciadas, não sabiam como lidar com isso. As mulheres precisam, desde cedo, ir atrás desse conhecimento e dessa prática, porque isso fará toda diferença lá na frente.

E hoje, resgatando o exemplo paterno do cuidado com as finanças, posso ajudar as pessoas a mudarem seu pensamento e suas atitudes, para viverem com mais alegria, saúde e prosperidade.

O meu propósito, minhas escolhas e meu caminho passam pela questão financeira. Fico imensamente feliz, por exemplo, em poder ajudar alguém a planejar sua vida de acordo com seus verdadeiros sentimentos e a visualizar os recursos necessários para um futuro abundante e pleno.

Esse tipo de planejamento não é somente financeiro. Ele tem um aspecto emocional importante, que lhe permite imaginar como quer ser e criar essa realidade para a sua vida, tendo flexibilidade para as circunstâncias do tempo presente. A nossa história não é escrita apenas pelas ações planejadas rumo a um objetivo, mas, sobretudo, pelas surpresas que vamos encontrando no caminho.

A construção do caminho *(Estratégia)*

Cada uma de nós tem sua própria definição de sucesso. Na sociedade contemporânea, o modelo atual de sucesso inclui alguns elementos importantes, além dos tradicionais valores de recompensas financeiras e estabilidade na carreira, por exemplo. Para a maioria das mulheres, o sucesso também envolve fatores subjetivos como satisfação pessoal, equilíbrio entre vida pessoal e profissional, realização intelectual e bem-estar.

A mulher realizada com o trabalho certamente é uma profissional que consegue equilibrar os desafios da carreira com a qualidade de vida e os relacionamentos, sobretudo se houver estrutura familiar, com filhos e marido. Mas, sabemos, não é uma tarefa fácil!

Muitas mulheres idealizam uma vida perfeita. Sonham com isso quando crianças, aspiram a ela como adolescentes e passam a vida adulta desejando vivê-la. Apenas desejando. Em momentos de insatisfação, o desejo volta e começa a "martelar" a mente... "E se... por que não? Não está na hora... Se apenas, se eu fosse, se eu tivesse, se eu pudesse."

De acordo com uma pesquisa realizada pela Pew Research Center em 2016, a maior parte das mulheres diz que se sente sobrecarregada com as exigências de uma carreira, maternidade e funcionamento da casa, e, por conta disso, acabam deixando os sonhos em segundo plano. O triste é que a pesquisa apontou que elas se conformam com essa realidade.

No entanto, as mulheres não percebem que isso as torna infelizes, menos tolerantes, mais rabugentas, reclamonas, pessimistas. Observe o comportamento de alguém que não realizou seus sonhos. De alguém que deixou de sonhar. De alguém que ficou à deriva na vida e hoje está não onde sonhava estar, mas onde a falta de atitude em prol dos seus sonhos a levou.

O que faltou para as mulheres que desistiram? Certamente muitas coisas, mas, sobretudo, algo que faria toda a diferença: o planejamento!

Se perguntamos a uma mulher qual é a característica mais frequentemente associada a mulheres bem-sucedidas, muitas responderão que é perseverança, inteligência, nível de educação, aparência, sorte, uma combinação desses fatores e assim por diante.

Mas não! A principal característica associada às mulheres de sucesso é o planejamento. As mulheres que planejam, bem como as empresas que planejam, são as que conseguem atingir seus objetivos e realizar seus sonhos.

Não é de hoje que pesquisadores e escritores reconhecem a importância do estabelecimento de metas e da criação de um planejamento pessoal para alcançá-las. Já no final do século XIX, o famoso filósofo norte-americano Elbert Hubbard (1856-1915) percebeu que as pessoas não falham por falta de inteligência ou coragem, mas por não organizarem as suas energias em torno de um objetivo.

Diversos estudos científicos desde a década de 1960 provam que o planejamento realmente funciona e pode ser a diferença entre você atingir a vida que deseja ou apenas a deixar passar. O planejamento também faz com que você se sinta menos cansada, reduz a ansiedade, o estresse e, consequentemente, melhora a saúde. Afinal, um dos benefícios do planejamento estratégico pessoal é administrar o tempo de maneira eficaz. E isso significa alinhar as atividades, as metas, os sonhos, as obrigações, os sentimentos, os valores e as motivações de forma coerente e dinamizada, tendo em vista o foco no que é mais importante – conhecer as reais prioridades e equilibrar todos os aspectos da vida.

São muitas as razões para que você se planeje para realizar seus sonhos. Por isso que escrevemos este livro, para compartilhar com outras mulheres nossas histórias e *como* fizemos para alcançar nossos sonhos. Se você seguir seus sonhos, terá algo que vale a pena compartilhar com os outros – esperança, inspiração e um significado para viver –, o que para nós é um grande atributo.

Além disso, perseguir os sonhos desenvolverá a coragem. A coragem é o combustível para alcançar um sucesso incrível na vida. Existe uma razão pela qual, quando crianças, adoramos magia e sonhos. Pare de perseguir seus sonhos e você esquecerá como é se sentir esperançosa e jovem. (Lembra-se do *infelizes, menos tolerantes, mais rabugentas, reclamonas, pessimistas?*)

Os grandes sonhadores tornam-se independentes, aprendendo que podem fazer a diferença sozinhos.

Os sonhos têm o poder de nos tirar dos eventos negativos da vida. De nos fazer passar a pesar o que é mais importante – os sonhos ou o drama. O drama parece obsoleto quando você se apaixona por seguir seus sonhos. E isso lhe dá algo para compartilhar com seus filhos e inspirá-los; você passa a liderar o exemplo de que qualquer coisa é possível quando coloca sua mente nisso.

Por meio da realização de seus sonhos, você vai passar por experiências boas e ruins, e aprenderá que as ruins são apenas uma parte do sucesso, e que não foram realmente tão ruins quando tudo valeu a pena no final.

O arrependimento é uma coisa terrível, e um sonho é poderoso o suficiente para fazê-la se arrepender se não aproveitar a chance de pelo menos segui-lo. E lembre-se: nenhuma de nós é muito velha para sonhar. A idade não significa nada quando sabemos o que queremos.

Ao traçarmos objetivos, tornamo-nos mulheres mais interessantes, mostramos aos outros que temos significado, direção e propósito. O elemento desconhecido comum aos sonhos pode despertar um pouco de medo, e isso é bom. Um pouco de medo faz com que nos sintamos mais vivas. Além disso, é divertido provar que o mundo está errado, então por que você seguiria o *status quo*?

Quanto mais perseguimos e realizamos nossos sonhos, mais as linhas dos limites que o mundo coloca à nossa frente desaparecem, pois aprendemos que tudo é possível. Quando você realiza seu sonho, é a primeira a ver isso acontecer. Você pode compartilhar suas realizações com o resto do mundo, mas está lá, na primeira fila, em uma única cadeira, para experimentar a magia que se desenrolou.

Os sonhos não têm limites, e você é a criadora dos seus, grandes ou pequenos. Quando compreende isso, você é capaz de vislumbrar uma maneira de se colocar em primeiro plano, planejar e atingir seu objetivo final.

Um sonho é forte o suficiente para defini-la como pessoa; uma vez realizado, você prova aos outros que eles não sabem quem você pode e não pode ser. É assim que nós, mulheres, nos tornamos mais fortes.

E, quando você depara com uma mulher forte, percebe o tamanho de sua força no momento em que ela chega, pois dispara uma vibração de autoconfiança que qualquer um pode detectar a um quilômetro de distância. Quando ela fala, percebe-se claramente que sabe o que quer na vida, vai atrás do que quer e não transfere essa responsabilidade para ninguém. Ela sabe que não precisa de atenção ou validação das pessoas.

Se você perguntar a uma mulher bem-sucedida se ela enfrentou quedas, percalços ou tempestades ao longo do caminho, certamente a resposta será sim! Veja o exemplo da Viviane Ferreira no início deste capítulo. Ela sofreu perdas, enfrentou o câncer de mama duas vezes, mudou de carreira, separou-se e seguiu adiante. Como conseguiu?

Com foco, resiliência, força e determinação? Sim, mas, acima de tudo, olhando para o futuro e planejando-se para chegar exatamente aonde ela queria. Tomar as decisões certas e se adaptar às mudanças envolve avaliação estratégica, tática e equilíbrio emocional.

Você nasceu para ganhar, mas, para ser uma vencedora, deve planejar ganhar e se preparar para ganhar. Este é um mantra que muitas vezes é repetido por diretores-executivos de organizações de sucesso e capitalistas de risco que financiam empresários bem-sucedidos: "Tenha um plano, fique com o plano". Essa divulgação popularizou a necessidade de planejamento estratégico.

O que é um plano estratégico

Até aqui falamos sobre a importância do autoconhecimento, autorresponsabilização, propósito, autoconfiança, autodesenvolvimento, importância do foco, e agora vamos falar sobre a estratégia para chegar lá! O planejamento é uma das estratégias mais importantes associadas à conquista de qualquer objetivo.

Assim como no ambiente organizacional, o dia a dia das mulheres está cada vez mais submetido a rápidas mudanças, seja em função da introdução de novas tecnologias e informações, seja pela constante busca de equilíbrio entre carreira, família e realização pessoal.

Planejar a vida significa saber onde se está hoje, aonde se quer ir e o que deve ser feito para que se atinjam os objetivos esperados. Um plano estratégico é um roteiro para atingir com sucesso os resultados desejados. Em outras palavras, é um método de gerenciamento de vida que permite maior organização pessoal e potencialização do tempo e dos recursos pessoais, por meio da mudança de hábitos e de atitudes.

Planejar, apesar de não ser fácil, é uma tarefa necessária para que, de forma eficaz, se atinjam as metas. A principal finalidade do planejamento estratégico pessoal é fazer com que possamos aprender a planejar o nosso crescimento pessoal e profissional, conciliando os recursos de que dispomos com as possibilidades que o mundo nos oferece, alcançando, assim, nossos objetivos. Essa ferramenta deve ser prioridade a toda mulher que compactue com o ideal de ser feliz, próspera e realizada.

Um plano estratégico inclui um mapa com o destino final e instruções sobre como chegar aonde estamos indo. O planejamento estratégico da vida inteira começa com o trabalho de autoconhecimento, autorresponsabilização, valores, foco e propósito, explorado anteriormente, o que nos ajuda a ver nosso destino. Ele deve estar de acordo com as necessidades e os desejos de cada pessoa, sendo dotado de uma visão clara de futuro, com objetivos e planos de ações eficazes na busca por uma vida melhor.

No entanto, muitas de nós não conseguimos criar planos detalhados para realizar nossos sonhos. Temos uma noção abstrata em nossas mentes que só nos ajudará a fazer parte do caminho, mas isso não nos ajudará a concretizar os objetivos. Se você quer realmente realizar seus sonhos, se está disposta a colocar foco nisso, precisa criar um plano de ação maciço que inclua a disposição para agir diariamente – todos os dias, sem falhas – e assim alcançar os desejos do seu coração. Faça um plano e trabalhe nele incansavelmente, dia e noite, até atingir seus objetivos.

O planejamento estratégico pessoal proporciona inúmeros benefícios a quem o realiza. Nós vamos ajudá-la na elaboração do seu planejamento estratégico; entretanto, antes de começarmos, há alguns pontos que devem ser considerados:

Metas: suas aspirações devem começar com a consciência de quem você é e o que lhe é importante. A chave para a redação dos seus objetivos é torná-los *Smart*, conforme falamos no Capítulo 6.

Filosofia: toda pessoa tem uma filosofia de vida, que consiste nas percepções e nas regras adotadas de outros, como pais e colegas, cultura e religião. Essas percepções adotadas podem não se encaixar, transformando-se em inconsistências e contradições. Para se comprometer com seus objetivos, eles devem ser seus, e não algo que "alguém queria que você fosse ou fizesse".

História: seus eventos importantes, altos e baixos, sucessos e falhas, servem como o legado de sua vida. Seu passado e seu presente influenciam seu futuro, portanto, quais histórias você conta a si mesma? A partir dos eventos que marcaram a sua vida, você pode criar a estrutura necessária para influenciar positivamente seu caminho futuro.

Declaração de significado proposital: é uma declaração de quem você é, por que existe e o que realizará. Sua pergunta de propósito pessoal é: "O que é o negócio da minha vida?". A resposta vai definir o motivo de ser e fazer.

Valores fundamentais: seus valores fundamentais atuam como uma bússola orientadora, uma maneira de saber se você está vivendo de acordo com seus valores e definindo o que é importante para você e por quê. Seus valores fundamentais e seus princípios orientadores pessoais são um modo de organizar seus comportamentos para que você entenda melhor *o que* a conduz e *por quê*.

Razão: você deve identificar, apoiar e capacitar seus motivos. O seu *porquê* é o combustível para a realização bem-sucedida e os motivos por trás de toda ação e inatividade. Pessoas realizadas sabem *o que* querem, *como* e *quando* o alcançarão, mas, o mais importante, sabem *por que* querem.

Tribo pessoal: sua tribo são seus mentores e defensores. São as pessoas que lhe dão orientação condicional para acelerar seu progresso, fornecendo sabedoria e suporte para seu propósito declarado.

Objetivos pessoais: seus objetivos devem ser escritos no âmbito do seu plano estratégico pessoal. O sucesso de qualquer plano estratégico pessoal é visualizar os resultados desejados antecipadamente como se já estivessem alcançados. Certifique-se de escrever e reescrever seus objetivos pessoais como afirmações do futuro.

Avaliação de desempenho: em uma base mensal, trimestral e anual, pause para avaliar o seu progresso e desempenho. Os objetivos ainda são relevantes? Eventos importantes da vida exigem ajustes? As respostas a essas perguntas lhe permitirão determinar quais são as mudanças necessárias para seu plano de ação estratégico pessoal.

Criando o seu plano

Comece pegando papel e caneta. É preciso colocar no papel! É aqui que você reúne tudo aquilo que já falamos.

A Dra. Gail Matthews, professora do Departamento de Psicologia da Escola de Artes, Humanidades e Ciências Sociais da República Dominicana, recrutou 267 participantes de uma grande variedade de empresas, organizações e grupos de redes nos Estados Unidos e no exterior para um estudo sobre como o ato de alcançar metas é influenciado por objetivos de escrita, comprometimento com ações direcionadas a objetivos e responsabilidade por essas ações.

Os participantes foram distribuídos aleatoriamente em uma das cinco condições (grupos):

- Grupo 1 – não escreveram os objetivos.
- Grupo 2 – escreveram os objetivos.

- Grupo 3 – comprometeram-se com as metas e os objetivos escritos.
- Grupo 4 – escreveram os objetivos e assumiram o compromisso de ação para um amigo.
- Grupo 5 – escreveram os objetivos, assumiram o compromisso de ação e de enviar relatórios de progresso a um amigo.

A Dra. Gail Matthews descobriu que você tem 42% a mais de chances de atingir seus objetivos apenas escrevendo, colocando no papel, e 70% a mais de chances de atingir metas ao enviar relatórios de progresso para um amigo, em comparação com os 35% que não o fizeram.

Suas descobertas foram apresentadas em maio de 2015 na Nona Conferência Internacional Anual da Unidade de Pesquisa em Psicologia do Instituto de Educação e Pesquisa de Atenas (Atiner). E esse trabalho foi citado em histórias recentes que aparecem no *The International Business Times*, *Forbes*, *The Daily Herald*, *The Lexington Dispatch*, *The Albuquerque Journal*, *Huffington Post* e Nasdaq.com.

Colocar objetivos no papel ajuda a:

- ter uma maior clareza do que precisa ser feito;
- obter e comprometer-se com um plano;
- definir metas e ações;
- filtrar as oportunidades importantes;
- comprometer-se consigo mesmo e com seus resultados.

A pesquisa da Dra. Gail Matthew afirma que a vida não vai de acordo com o plano se você não se comprometer. Dessa forma, para que você atinja seus objetivos, seu planejamento estratégico deve responder a perguntas como *o que*, *quando*, *por que* e *como* você faz isso.

Você pode aumentar significativamente suas chances de sucesso se souber *quem* você é, *o que* deseja, *por que* é fundamental que você alcance sua aspiração, e visualize *como* se sentirá *quando* você conseguir. A chave para ter uma vida feliz, satisfeita e com senso de dever cumprido é realizar as coisas mais importantes para você, e isso é muito mais fácil de fazer se tiver um plano estratégico pessoal para orientar os negócios da sua vida e seu sucesso. O plano estratégico pessoal é o seu caminho para o sucesso. A melhor maneira de prever o futuro é criá-lo.

Vamos começar?

Existem muitas abordagens diferentes que você pode assumir. Aqui vai apenas uma sugestão de uma maneira de começar. (No final, disponibilizamos uma tabela que poderá ajudá-la a ter uma visão mais ampla do plano.)

1. Defina metas – esta é a primeira etapa: definir seus objetivos. O que você deseja "avançar"? Qual meta você sente que é desafiante, mas, ao mesmo tempo, alcançável? Com base nas suas hipóteses e nos resultados-chaves que você está esperando, estabeleça uma meta que naturalmente a motive a sair do lugar e fazer as coisas acontecerem.

Além disso, procure não estabelecer muitas metas, pois isso a levará a perder o foco. Da mesma forma, procure definir metas que sejam alcançáveis, as quais ajudarão a criar dentro de você um sentimento de sucesso. Nesta etapa, você pode usar a ferramenta *Smart* que aprendeu no capítulo anterior.

2. Formule hipóteses – quais são as diferentes maneiras pelas quais você pode atingir esse objetivo? Se encontrar algumas estratégias, escolha uma que julgue ser a melhor.

Utilize o modelo "Se [Variável], então [Resultado], porque [Análise Racional]".

"Se eu meditar todos os dias de manhã, pelo período de três meses, então conseguirei pensar com mais clareza sobre meus objetivos, porque li alguns artigos de meditação e acredito que eles façam sentido."

Ou ainda...

"Se eu organizar minha agenda de forma a priorizar minhas tarefas durante toda esta semana, então conseguirei finalizar a maior parte do trabalho que está atrasado, porque terei maior clareza sobre o que preciso fazer dia a dia."

Ou ainda...

"Se eu investir 20% do meu salário todos os meses, pelo período de um ano, então conseguirei trocar de carro, porque com uma rentabilidade de 1% ao mês nos meus investimentos e a troca do carro com valor de tabela já terei dinheiro suficiente."

3. Sensibilização mais profunda – esteja ciente nesta fase de:

- Que recursos já tem para conseguir isso?
- De que recursos precisa?
- Quais são os obstáculos percebidos?
- Como você superará seus obstáculos percebidos?

Esta fase é sobre compreender mais profundamente onde você está agora em relação à sua visão e o que pode estar em seu caminho para materializar isso.

4. Selecione alguns resultados-chaves – como você pretende medir seus resultados? É extremamente importante que tenhamos alguns indicadores, durante nosso progresso, que nos mostrem se estamos ou não indo pelo caminho certo.

Além disso, outro ponto fundamental é você definir claramente o que chamará de sucesso, e o que chamaremos de fracasso.

Usualmente, quando definimos metas, pensamos apenas na definição de sucesso, e sobre como iremos nos sentir ao alcançar nosso objetivo. Contudo, tão importante quanto isso é também definirmos previamente o que chamaremos de fracasso, pois assim conseguimos ter uma visão mais clara do que realmente buscamos, e de qual será a hora certa de mudar de estratégia, caso necessário.

5. Planejamento – a etapa final é tomar suas medidas de ação e colocá-las em um plano. Olhe tudo o que você precisa fazer, estime quanto tempo demorará; sequencie e priorize suas ações. Selecione as etapas de ação com base nos critérios acima e coloque-as em seu calendário.

6. Etapas de ação – uma vez que sua meta já está definida, chegou a hora de provar que as hipóteses eram reais, e que realmente pode alcançar o que está planejando.

7. Rastreie seu progresso – nesse método, o *feedback* constante vinculado ao rastreio do progresso fará com que multiplique seus esforços, já que a todo momento estará aprendendo mais sobre o que funciona e sobre o que não funciona.

Além disso, rastrear diariamente seu progresso lhe dará algumas descargas de dopamina (neurotransmissor vinculado ao prazer), que a ajudarão a permanecer focada e comprometida com a estratégia.

8. Socialize e itere – o último passo corresponde a compartilhar seus resultados com outras pessoas e pedir-lhes conselhos sobre o que você deve mudar. Lembre-se de que não precisa encontrar todas as respostas sozinha. Outras pessoas provavelmente já passaram por situações parecidas e poderão lhe dar bons conselhos sobre o que você pode fazer diferente.

Agora responda à seguinte pergunta: De 0 a 10, qual é o seu grau de comprometimento para entrar em ação e alcançar seus resultados? Encontre formas de se manter motivado e não se esqueça de recompensar-se enquanto acompanhar o seu plano.

Lembre-se de sempre sonhar grande e viver sua vida sem limites!

Exemplo de tabela de planejamento estratégico pessoal:

O QUE	**Objetivo** Contextualizado, específico, positivo, iniciado e mantido, alcançável (O quê? Quando? Onde? Com quem?)	**Quando** Quando você quer atingir seu objetivo?	**Evidência** Qual será a evidência de que você conseguiu?

POR QUE	**Motivadores** Ganhos (O que você ganha com isso?)	**Sabotadores** Perdas (O que você/outros perdem com isso? O que você pode fazer para minimizar possíveis perdas?)	**Valores** Por que é importante? Qual a relevância?

COMO	**Estratégias** Quais são as formas de conseguir isso?	**Ações** Quais os passos para conseguir isso? Primeiro passo: Grau de comprometimento	**Recursos** Do que você vai precisar?

8

Fabiana Couto

Consultora, blogueira e palestrante na área de saúde e qualidade de vida. Formada em Comunicação Social, possui dupla especialização em Psicologia Organizacional e Aconselhamento Humano na Universidade Golden Gate nos Estados Unidos. Coach certificada na metodologia do ser integral pela ICF, International Coaching Federation; e atualmente cursando a formação em Psicanálise.

Ocupou cargos executivos em empresas multinacionais nas áreas de vendas, treinamento e marketing; foi *health coach* de adolescentes com diabetes e adultos com obesidade em duas das maiores instituições de saúde dos EUA. Criadora do movimento e blog DiVabética, no qual promove aceitação e motivação para mulheres com diabetes.

O que dá sentido à nossa vida

Era outubro de 1993 e eu tinha treze anos de idade. Decisão do campeonato de basquete da escola. Eu já vinha sentindo fraqueza no corpo antes do início do jogo e precisava buscar o que houvesse de energia para jogar bem e ajudar a equipe a vencer.

Nessa fase eu passava por bullying na escola, e aquele campeonato era uma oportunidade de fazer bonito e mostrar meu valor. Na minha turma, a menina mais ativista, que por algum motivo não ia com a minha cara, ficava constantemente fazendo piadas sobre minha aparência e, por ser alguém com influência no grupo, acabava mobilizando as outras pessoas a agirem dessa forma também. Assim, eu passava grande parte do tempo na escola sozinha ou tentando me encaixar, mas ninguém da sala falava comigo. Muitas vezes ia chorar no banheiro, entre uma aula e outra. Nunca deixei que minha família percebesse o que estava acontecendo e não pedi ajuda nem mesmo à minha irmã, que estudava na mesma escola, pois eu não queria que vissem a minha fragilidade. Por isso, naquele jogo de basquete eu precisava ser forte, precisava chegar ao apito final.

E fomos campeãs! Em meio à explosão de alegria, deitei no chão da quadra e continuei ali, deitada, sem conseguir me levantar. No dia seguinte, meus pais me levaram para fazer exames. Então veio o difícil diagnóstico do diabetes tipo 1.

Isso explicava meu cansaço anormal: excesso de açúcar no sangue e falta de energia nas células. Muita coisa se passou desde aquele diagnóstico. Na adolescência, tive conflitos com meus pais por causa da preocupação deles com minha saúde. Não queria falar de diabetes, nem ouvir opiniões ou conversar sobre o assunto. Isso gerou grande sofrimento para eles, principalmente para minha mãe, que constantemente tentava se aproximar.

Eu estava sendo inconsequente, em uma atitude de negação do diagnóstico, e isso levou a um controle muito ruim da doença. Pessoas com diabetes, principalmente quando mal controlada, têm duas ou três vezes mais chances de desenvolver depressão. Com os aspectos fisiológicos agravados pela dor emocional, a depressão instalou-se em mim, silenciosa. Tentando compensar o que eu vinha sentindo sem conseguir externalizar, comecei a ter outras dificuldades relacionadas também à minha autoimagem. Uma compulsão me acordava de madrugada, então ia até a geladeira e comia tudo o que visse pela frente, principalmente alimentos "proibidos", e depois, para me livrar do peso extra, fazia uso indiscriminado de remédios para emagrecer, laxantes e diuréticos que mexiam muito com meu humor e saúde de forma geral. Outro comportamento perigoso que adotei foi pular as doses de insulina. Eu não tinha muita consciência do que estava fazendo, apenas fui percebendo que, quando ficava alguns dias sem tomar determinadas doses do hormônio, acabava emagrecendo. Hoje sei que esse comportamento tem nome: diabulimia (junção das palavras "diabetes" e "bulimia"), e é considerado um transtorno alimentar específico para pessoas com diabetes insulino-dependentes que usam tal manobra para emagrecer. Uma manobra perigosa e que pode ser fatal.

Superações e questionamentos

Eu tinha uma ideia muito vaga a respeito da escolha profissional que estava fazendo ao prestar vestibular. Mais tarde, perceberia que a profissão de publicitária não satisfazia um antigo desejo da minha alma, que era curar a alma das pessoas, mas, quando você tem dezessete anos, a cura da sua alma é o barzinho da escola, os amigos, os namorados, enfim, nessa fase os apelos da vida são bem diferentes...

Quando me formei, decidi experimentar outras áreas, tentei o marketing, e então encontrei meu talento em vendas. Fiz inscrição para um programa de trainees em uma empresa de produtos alimentícios, concentrei nisso toda a minha energia positiva e ao final de uma grande expectativa, fui aprovada! Mas esse era só o início de uma longa jornada. Logo nos primeiros dias de trabalho, minha autoestima começou a ser atingida no convívio com os colegas, que vinham de escolas de maior prestígio, tinham estagiado em grandes empresas e sabiam muitas coisas que eu não sabia. Para compensar, trabalhava muito e estava sempre estressada, sentindo-me inferior. Até a minha fluência na comunicação, sempre muito elogiada, ficou seriamente prejudicada nesse estresse. Eu encarava tudo com um peso muito grande, por isso os reflexos em minha saúde foram inevitáveis.

As coisas foram melhorando quando comecei a trabalhar focada em minha equipe de vendas, vendo o trabalho progredir e ajudando a desenvolver o talento das pessoas. Sentia-me feliz, mas essa era uma parte muito pequena do meu trabalho na empresa, e, apesar de tentar calar essa voz que me dizia que a vida tinha outros planos para mim, em algum momento resolvi escutá-la e pedi demissão. Naquele momento tão difícil, o que mais me ajudou foi o apoio da minha família. "Quando um ciclo se encerra, é inútil tentar permanecer nele", disse meu pai, em carta que nunca mais esquecerei.

Pouco tempo depois, contratada por outra multinacional, acreditei que a vida mudaria e que tudo seria ótimo, mas vivi situações muito parecidas, e continuei na autonegligência quanto à saúde. Certa vez, durante uma convenção em que eu teria um momento importante de visibilidade, comecei a me sentir muito descompensada e precisei ir embora. Em casa, meu irmão, vendo minha palidez, me levou para o hospital e fui internada. De fato eu não estava nada bem, mas fiquei o tempo todo falando que precisava sair dali para ir trabalhar.

Não aceitava a minha condição, tampouco os meus limites, e era como se a doença fosse algo externo a mim. Na verdade, estava brigando comigo mesma.

Momento de despertar

Em outra convenção de vendas, num desses encontros arquitetados pelo Universo, ao conversar com uma pessoa ela me contou que não estava muito no clima de festa, porque uma grande amiga tinha acabado de falecer. "Minha amiga tinha diabetes e nunca se cuidou. Primeiro teve perda parcial da visão, depois perda da função renal, e acabou falecendo." Ela me contou essa história sem saber que eu tinha diabetes, e escutei com um nó na garganta. Foi um grande insight. Eu tinha acabado de receber um resultado do laboratório, mostrando que os meus exames estavam completamente fora do padrão, muito ruins. E nesse momento eu pensei: "O que eu estou fazendo com a minha vida?". A partir daí, a escolha pela saúde foi se firmando. No ano seguinte, os exames estavam completamente diferentes, muito próximos da faixa ideal. Ouvir aquela história que poderia ter acontecido comigo teve um impacto fortemente positivo na minha vida.

Intensifiquei a terapia com uma equipe multidisciplinar, que faz toda diferença em questões de saúde crônica, e aos 27 anos conheci pela primeira vez uma pessoa que, assim como eu, também tinha diabetes, e então vi o grande potencial curador da troca de ideias e histórias de vida com pessoas que têm vivências semelhantes às nossas.

Após esse encontro, achei uma comunidade on-line norte-americana para pessoas com diabetes. As orientações que recebi me ajudaram muito a aceitar ainda mais a minha condição e, a partir dessa aceitação, viver muito melhor. Depois de dois anos de contato com essa ONG, me voluntariei para trabalhar com eles. Nesse momento, eu já sabia claramente o que buscava. Estava me permitindo sair do automático para repensar livremente a minha vida e as minhas escolhas.

Nos Estados Unidos, fiz uma especialização em Psicologia Organizacional e Clínica, empenhei-me muito para conseguir uma bolsa de estudos e fiz a formação de coaching; depois trabalhei em duas grandes instituições de saúde de lá com pessoas com diabetes e obesidade.

À medida que me aproximava do meu verdadeiro propósito, tornou-se mais fácil me cuidar, como se tivesse aberto espaço em meu interior para pensar em mim mesma.

A maior escolha de todas: Viver

Com a saúde melhorando, fui me sentindo cada vez mais integrada.

Fiz yoga, aprendi a meditar, fui a retiros espirituais, enfim, me permiti conhecer e praticar tudo o que me faria bem, e minha saúde acompanhou esse movimento, de dentro para fora e de fora para dentro.

Fui fazendo as pazes com meu corpo e com a vida, dedicando-me ao que realmente amo e cuidando-me também com mais amor.

Ficou evidenciado que sou capaz de fazer escolhas certas e de segui-las, por mais difíceis que pareçam à primeira vista. Uso uma bomba de insulina, que me ajuda no gerenciamento dessa condição. No início, foi bem inconveniente ter um aparelho acoplado a mim, mas hoje sei que ele fez parte da minha decisão de viver melhor. Jamais gostei que me olhassem como doente. Não considero o diabetes uma doença, e sim uma condição de vida que requer cuidados. Os dispositivos tecnológicos, como a bomba de insulina e o sensor de monitoramento glicêmico, certamente nos ajudam muito a viver melhor, porém essa escolha é primordialmente da pessoa que tem a condição. Você está constantemente escolhendo; a cada ação tomada ou não tomada, uma escolha é feita.

As escolhas vinculadas ao diabetes são diárias, para que eu mesma não coloque minha vida em risco. A escolha mais importante foi, e continua sendo, VIVER. É um constante exercício do equilíbrio para se viver a vida com plenitude.

Por isso, me tornei palestrante na área de saúde e qualidade de vida levando mais consciência para que as pessoas passem a honrar o bem mais precioso que têm: a vida.

Faço isso, pois é o que de mais importante e valioso aprendi em meu próprio processo pessoal. Honrar a minha vida não me permite mais entrar em comportamentos destrutivos e sabotadores, e, quando entro, percebo o quanto antes e saio.

Nesse processo criei também um projeto chamado Divabética, que nasceu em 2017, a partir do momento em que decidi me amar, resgatar minha alegria e viver uma vida verdadeiramente doce de dentro para fora.

Agradeço a todas as pessoas que me apoiaram, acreditaram em mim e me deram a mão na minha trajetória de vida até aqui. Agradeço em especial a meus pais. Se estou aqui foi por eles, que nunca desistiram de mim e, apesar dos cenários mais difíceis que enfrentaram comigo, acreditaram na minha capacidade de superação, o que fez com que eu acreditasse também.

Eles me deram o meu maior bem: a minha vida! A qual por algum tempo eu não honrei e não cuidei, me perdi, mas voltei. E estou certa de que a única forma de retribuir pelo maior presente que me deram é agarrar essa vida que eu tenho com alegria, respeito e amor, e seguir em frente fazendo o melhor que eu posso dela.

Ao escrever as últimas linhas desse texto sinto muita gratidão pela mulher que fui e abro espaço para a nova mulher que sou e que quero me tornar. Com mais alegria, leveza e amor à vida.

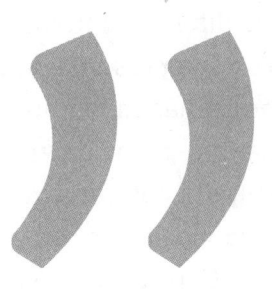

A matéria-prima da vitória *(Autogestão)*

O ponto de partida de maturidade é a constatação de que "ninguém virá para nos salvar". Tudo o que você é ou tudo que será é de sua inteira responsabilidade.

A vida não é um ensaio; é a realidade. O jogo já começou. O tempo está passando rapidamente, e todas as decisões e indecisões, ações e inações, tudo se uniu para criar o que se está vivendo neste exato minuto. Se você quiser que as coisas sejam diferentes no futuro, terá de fazer coisas diferentes no presente. Precisará assumir a responsabilidade sobre a sua personalidade e sobre a sua vida e fazer as coisas mudarem, porque não mudarão sozinhas.

Qual a matéria-prima da vitória? A pessoa gerir a si mesma, a sua vida, o seu tempo. É colocar firmemente as mãos no volante, tomando as rédeas da sua vida e, em seguida, ir para onde quiser. Lembre-se do velho ditado de Confúcio: "Se você não mudar a rota de sua viagem, provavelmente, acabará indo na mesma direção". Toda mulher de sucesso tomou, em um momento ou outro, uma firme decisão sobre qual caminho seguir e, em seguida, fez o necessário para chegar lá. Você também pode fazer isso por si mesma.

A mais útil analogia que podemos lhe ensinar é se enxergar como se fosse um "pacote de recursos". Você pode se beneficiar dessa lição, se parar por alguns segundos e olhar para si mesma, refletindo sobre quem você é, em vez de o que você faz. O ser humano tende a se definir falando sobre seu trabalho ou sobre a atividade que demanda mais do seu tempo. Quando encontramos alguém, mesmo que no ponto de ônibus, sempre nos descrevemos a partir da perspectiva do trabalho.

Proferimos algumas frases do tipo: "Eu sou vendedor", "Eu sou gerente" ou "Eu trabalho em tal negócio, exercendo tal atividade". Como a tendência é nos tornar aquilo em que pensamos, quanto mais nos descrevemos a partir do que fazemos, mais pensamos em nós mesmos desse ponto de vista. Talvez por isso as pessoas que são afastadas ou demitidas passam por um período de choque e perturbação emocional. É como se tivessem sido afastadas de suas identidades.

Você pode ter passado por uma experiência semelhante. Mas, na realidade, você não é o que faz. Você é um pacote de recursos. Ou seja, existe uma combinação de ingredientes capaz de fazer com que seja uma mulher única e notável, diferente de qualquer outra pessoa que já viveu ou que viverá. Você já passou por inúmeras experiências, positivas e negativas. Teve uma educação e aprendeu muito com os trabalhos e atividades que realizou. Possui uma inteligência única e ainda há muito para desenvolver. Suas habilidades foram adquiridas por meio de trabalho duro, disciplina e prática.

Também há as habilidades com as quais você nasceu, que fazem com que lhe seja mais fácil realizar certos trabalhos e determinadas tarefas. Você possui energia e ambição, objetivos e oportunidades. Tem uma filosofia de vida, atitudes e perspectivas que a tornam uma mulher extraordinária, mesmo que ainda não reconheça isso em si. Contudo, ainda há muito para desenvolver. O governo federal identificou mais de 22 mil categorias diferentes de trabalho. Quando você utilizar todas as suas habilidades juntas, provavelmente será capaz de alcançar a excelência em centenas de empregos, fazendo coisas diferentes em uma gama de organizações, empresas e indústrias.

Como o psicólogo Abraham Maslow escreveu certa vez: "A história da raça humana é a história de homens e mulheres que se venderam por pouco". Uma pessoa comum tende a se contentar com muito menos do que é capaz e, em seguida, se pergunta por que está tão insatisfeita e frustrada com sua vida.

Momento de despertar

Existe dentro de nós tudo de que precisamos para utilizar a nossa capacidade plena. Há uma força interna que nos deixa inquietas e descontentes, levando-nos para frente e para cima em direção à realização dos nossos sonhos e das nossas aspirações. Muitas mulheres, que não querem ouvir sua voz interior e tentam calá-la, podem acabar se anestesiando de alguma forma, por exemplo, com o consumo de bebida alcoólica em excesso, assistindo a muita televisão, socializando-se demais, trabalhando em excesso e até mesmo recorrendo a drogas e atividades perigosas, ou negando-se a aceitar a verdade sobre algo que está acontecendo em sua vida.

Mas não adianta negar. Nós, mulheres, chegamos a este mundo com a missão de fazer algo maravilhoso com a nossa vida. Você tem um destino único, um propósito especial. E o ponto de partida para realizar a sua missão é a autogestão.

Você precisa de autocontrole para se autogerir e direcionar as suas ações para que se mova progressivamente rumo à realização de um ideal digno e esteja no caminho certo para se tornar tudo que você é capaz de ser. Porém, para isso é necessário se conhecer e, mais que isso, conhecer formas de gerir a sua saúde física, emocional e mental para manter-se bem na busca pelos seus ideais.

Nesse sentido, é imprescindível definir as rotas que almeja seguir – sabendo aonde pretende chegar e como chegar –, estando preparada para superar bloqueios e barreiras (internos e externos) que dificultam o seu sucesso. Essa é uma das premissas da autogestão.

Praticando

O primeiro e decisivo passo na construção da autogestão é a prática do autoconhecimento, buscando a compreensão dos sentimentos e as razões de determinados comportamentos. Os pensamentos provocam os sentimentos, que levam aos comportamentos. Identificar os pensamentos, então, é o primeiro passo para construir mudanças de comportamentos e obter diferentes resultados.

Para identificar seus pensamentos, e decidir de forma mais lúcida e consciente como quer atuar na sua autogestão, é necessário estar no presente, perceber-se no aqui e no agora, deixar o passado no passado e permitir que o futuro chegue sem pressa ou necessidade de controle. Para isso, é preciso reconhecer a capacidade de errar e aprender, de se perdoar, buscando novas estratégias; assim, a partir dos erros e aprendizados, você poderá mudar seu comportamento e reorganizar os seus planos de vida tendo a felicidade como um caminho, e não como um fim.

As dificuldades com certeza virão, mas, lembre-se, toda jornada começa com o primeiro passo e com a capacidade de autogestão, e, depois do primeiro passo, você já não estará mais no mesmo lugar. As dificuldades e adversidades podem nos destruir ou nos fortalecer, e isso é uma questão de escolha; depende do que fazemos com elas. Porém, você é a matéria-prima da sua própria vitória e, enquanto estiver apta a aprender com as dificuldades, a crescer com elas e, assim, fazer novas escolhas, estará cada vez mais próxima da sua verdade e da sua realização.

A realização pessoal começa nas opções de vida que fazemos, e principalmente no que as transformamos. Para escolher de forma assertiva, precisamos nos olhar com sinceridade, algo talvez difícil, mas importante para não nos iludirmos e não entrarmos no autoengano. É importante nos olharmos como somos, com assertividade e consciência, pois só assim faremos as escolhas mais acertadas para nós mesmas.

Um sonho só se torna realidade se o transformamos em meta a conquistar, e o único caminho possível para isso é irmos ao encontro dos sonhos sem nos deixar vencer pelas dificuldades. Iremos certamente nos abater com elas, perderemos a energia, às vezes até teremos vontade de desistir, mas com a autogestão saberemos como voltar ao nosso melhor e prosseguirmos no caminho dos nossos sonhos e ideais.

Assim, na transformação de sonhos em metas realizáveis, é necessário compreender que só podemos provocar mudanças na nossa vida se mudarmos nossos pensamentos, nossos comportamentos e nossas atitudes. Para isso, torna-se também necessário assumir a responsabilidade pela construção do caminho e compreender que o nosso destino depende das nossas escolhas, pois tendemos a transferir a responsabilidade de nossa vida para a mão de outras pessoas, e depois nos ressentimos e nos frustramos.

Em especial nós, mulheres, temos essa tendência de cuidar de tudo e de todos e entrar no autoabandono; porém, enquanto focamos todas as nossas energias na vida das outras pessoas, a nossa própria vida fica parada.

Portanto, uma atitude importante a ser considerada diante das nossas escolhas e nossos caminhos é sabermos que só a pessoa pode construir o seu caminho. Então, não se deixe paralisar diante da possibilidade de errar nas suas escolhas, pois só aprenderemos a acertar nelas exatamente se as fizermos. Se errarmos, sempre poderemos admitir o erro, primeiramente a nós mesmas, e tentar novamente.

Você tem todos os recursos internos para transformar seus sonhos em realidade; basta, para isso, investir em si mesma, buscando formas de praticar a autogestão e assim descobrir as potencialidades necessárias para vencer as adversidades, como fez a Fabiana, a autora que contou sua história no início deste capítulo. A partir do autoconhecimento e da autogestão, ela superou as dificuldades do diagnóstico de uma doença crônica de difícil controle, o diabetes tipo 1, e, com isso descobriu também novas potencialidades em si, e hoje aplica o que aprendeu em sua vida e profissão.

O fato de ela ter decidido aceitar e enfrentar sua adversidade, ou seja, o diabetes e suas implicações, trouxe-lhe a oportunidade de utilizar suas potencialidades, que até então estavam adormecidas, as quais afloraram e continuam aflorando com o enfrentamento das dificuldades. E você também pode transformar as suas adversidades em motivação para o crescimento – como mulher, como profissional, como colaboradora na construção de um mundo onde se possa encontrar mais alegria pelo simples fato de estar viva.

Então, vamos lá: o que espera de seu futuro? Compartilhamos com você três competências fundamentais para gerenciar a sua vida e chegar lá, pois, como vimos, para construir o futuro que se deseja é importante focar as ações no presente.

Autocontrole

Para atingir o triunfo pessoal, é fundamental ter autocontrole. Em sua jornada, muitas vezes terá de lidar com situações conflitantes e poderá ficar por um triz de jogar tudo por água abaixo. Suportar tentações, segurar-se para não explodir diante de situações estressantes e dominar a arte da paciência são algumas das características de pessoas que possuem essa capacidade.

Veja bem: suponha que o seu sonho seja ser CEO em uma corporação multinacional. Você concorda que, para chegar a esse cargo, possivelmente terá de recusar salários tentadores em outras empresas? Terá de muitas vezes se submeter às exigências de seu chefe e clientes? Terá de ser paciente para adquirir a experiência exigida para tal cargo? Mas, por outro lado, você concorda que, ao ultrapassar todas essas barreiras, as chances de ser bem-sucedida em seu objetivo só aumentam? É o poder do autocontrole.

Adaptabilidade

Voltando ao exemplo anterior, nem sempre você vestirá a camisa da empresa. Nem sempre ocupará o cargo adequado ao seu nível profissional. Nem sempre concordará com as mudanças do mercado de trabalho. Mas pense: para atingir o seu objetivo de carreira, você terá de enfrentar todos esses obstáculos. Neste caso, precisará desenvolver o segundo pilar da autogestão: a adaptabilidade.

Adaptar-se não é sinônimo de abandonar princípios, de desistir de um ideal, de acostumar-se com menos. Adaptar-se não é ser um camaleão que muda de cor perante fraquezas e faltas de oportunidade. Adaptar-se é moldar forças e competências para ser bem-sucedida em qualquer cenário. É ser maleável a mudanças, uma profissional aberta a novas experiências, desde que caminhe rumo ao seu objetivo.

Foco

Não adianta ter uma projeção de carreira fenomenal se você não focalizar seus esforços na direção dessa meta. Vamos voltar ao exemplo do CEO de uma multinacional. Você projetou um plano de carreira claro e realizável para chegar a esse cargo. Mas, se os seus resultados ao longo da carreira não condizerem com esse alto nível hierárquico, estará qualificada para assumir a liderança na empresa?

A autogestão está atrelada à definição e ao alcance de metas. A capacidade de manter o foco nos objetivos e nos resultados fundamentais para alcançá-los é uma das premissas para ser bem-sucedido não só em gestão de carreira, mas em todos os setores da vida. Tenha metas. Mais importante: coloque-as como uma prioridade em sua vida. Os seus resultados dirão se a sua autogestão foi ou não bem-sucedida.

Praticar a autogestão é também desenvolver atitudes proativas, direcionando os pensamentos, sentimentos e ações de acordo com os próprios valores – e não apenas reagindo às exigências externas –, desenvolvendo atitudes resilientes, praticando a capacidade de enfrentar as adversidades com gerenciamento emocional, buscando saídas equilibradas para as adversidades surgidas no caminhar da vida.

Exercício

Aqui vai uma ferramenta – análise SWOT (Forças/*Strengths*, Fraquezas/*Weaknesses*, Oportunidades/*Opportunities* e Ameaças/*Threats*) – que a ajudará a identificar seus pontos fortes e aqueles a serem melhorados, sem dúvida, uma excelente maneira de começar a praticar a autogestão.

A análise SWOT (em português, Análise FOFA – Forças, Oportunidades, Fraquezas e Ameaças) é um instrumento utilizado por gestores organizacionais na avaliação dos ambientes interno e externo da organização. Seu objetivo é conceber um planejamento estratégico que leve em consideração a situação atual da empresa e do mercado, estabelecendo metas em curto, médio e longo prazo.

É evidente que, embora baseada no conceito original, a SWOT sobre a qual vamos falar foi adaptada para atender às necessidades de um modelo com foco no indivíduo, o que a deixa muito mais complexa e interessante.

E aí, já ficou empolgada? Esperamos que sim. Vamos colocar a mão na massa!

A partir de agora, o mais importante será dedicar alguns minutos à reflexão sobre cada um dos próximos pontos e ser muito fiel a si mesma! Comprometa-se com este exercício e torne-se a melhor versão de si mesma!

Passo 1 – Levantamento das forças (*Strengths*)

É o momento de refletir sobre as aptidões e diferenciais que possui para o atingimento e superação dos seus objetivos pessoais.

Aqui, vale listar os aspectos internos que a tornam única e especial, uma mulher diferente das demais.

Como fazer isso? Resgate as coisas positivas que os outros dizem sobre você, formal e informalmente, e considere apenas aquilo que a caracteriza e diferencia dos demais. Anote os pontos que costumam auxiliá-la em situações difíceis e pense nos motivos pelos quais as pessoas costumam procurá-la em busca de auxílio.

Se você ainda está na dúvida quanto às suas forças, seguem alguns questionamentos que podem ajudá-la:
- Quais as suas competências mais valorizadas?
- Qual é o seu maior diferencial?
- O que você faz de melhor?

Ficou mais fácil? Se ainda estiver com dificuldades, recorra aos amigos e pessoas mais próximas. Com certeza eles terão muitas coisas boas para falar sobre você, incluindo a diferença que faz na vida deles.

Passo 2 – Fraquezas (*Weaknesses*)

Agora, você deve pensar em tudo aquilo que bloqueia o seu desenvolvimento. Levante os seus pontos de melhoria e considere as características que fazem ou fizeram falta para o atingimento de algum objetivo.

Aqui vale pensar nessas "fraquezas" sem julgamento ou autocobrança, pois, se você for muito crítica consigo mesma, não vai conseguir ser verdadeiramente sincera e olhar para as oportunidades de melhoria. Todas temos características de que não gostamos, e isso não nos torna menos, apenas mais humanas.

Reflita sobre os pontos a seguir para construir esta fase do exercício:
- Que tipo de atividade você não gosta ou não sabe executar?
- Quais são as suas dificuldades técnicas?
- Você tem algum comportamento sabotador?

E agora? Conseguiu finalizar o passo 2? Aqui, como no passo 1, vale utilizar *feedbacks* já recebidos e ainda não endereçados. Reflita sobre cada um deles e estime o impacto das atitudes e comportamentos levantados para a superação do seu objetivo. Quanto maior o impacto, maior a relevância desta mudança para o seu plano funcionar.

Passo 3 – Oportunidades (*Opportunities*)
Diferente dos dois primeiros passos, relacionados ao meio interno, os passos 3 e 4 referem-se ao meio externo e a forma como este pode contribuir ou desfavorecer o atingimento dos objetivos.

Neste momento, você deve considerar tudo aquilo que, aliado as suas fortalezas, pode contribuir para a superação do seu objetivo.

A forma mais fácil de fazer esta fase do exercício é, também, questionando-se:
- Como está a minha rede de contatos?
- Eu conheço pessoas que já atingiram o objetivo que almejo?
- Existe crescimento no meu ramo de atuação?

Esta fase só estará concluída quando você levantar caminhos diferentes dos já definidos ou percorridos. Inspire-se, analise o mercado, os seus pares e as pessoas em quem você se espelha!

Passo 4 – Ameaças (*Threats*)
No passo anterior, utilizamos as nossas forças para identificar as nossas oportunidades. Agora, para identificarmos as nossas ameaças, revisaremos as nossas fraquezas e refletiremos sobre elas.

Não é difícil. A pergunta principal é: quais ameaças, geradas ou incentivadas pelas minhas fraquezas, podem impedir-me de chegar aos meus objetivos?

De fato, esta é a parte mais complexa do exercício, e é fundamental que dedique alguns minutos, esclareça algumas dúvidas internas e, a partir daí, liste as suas principais ameaças.

Sugerimos alguns pontos que, considerados, devem ajudá-la a chegar às respostas:

- A minha falta de conhecimento sobre determinado assunto me coloca em uma posição de risco ou me desfavorece?
- Gosto do que estou fazendo a ponto de aumentar o meu nível de dedicação e buscar evolução?
- A minha indisposição para fazer algo pode me atrapalhar na conquista do meu objetivo?

Neste momento, você deve ter acumulado uma quantidade enorme e bastante relevante de informações e, antes de incluí-las no seu planejamento estratégico (falamos sobre isso no capítulo anterior), sugerimos que releia cada um dos pontos levantados e faça a si mesma as seguintes perguntas:

1) O que concluí deste quadro? O que pude aprender com esta análise? (Perguntas que geram conclusões e aprendizado.)
2) O que poderia melhorar ou desenvolver para aproveitar melhor as oportunidades e diminuir as possíveis ameaças? (Pergunta que gera ação e mudança.)

Utilize os *insights* que obteve no exercício acima em prol de sua autogestão. Para que obtenha os resultados que busca, é importante potencializar suas forças e trabalhar em suas fraquezas de forma constante e disciplinada para que seu desenvolvimento nessas áreas seja crescente e palpável.

Por exemplo, caso você identifique que sua fraqueza é a impaciência ou a ansiedade em excesso, algo que lhe dificulta atingir suas metas, é importante que busque formas de melhorar sua autogestão nesse sentido, e inicie práticas de relaxamento, meditação, análise pessoal, enfim, qualquer recurso que a ajude em sua automelhoria. Faça isso sem martírio ou autocrítica, apenas realizando ações focadas e consistentes no sentido que quer seguir e na pessoa em que quer se transformar.

Invista em si mesma, cuide-se diariamente, pois a matéria-prima da vitória começa com você. O quadro a seguir resume as principais perguntas que pode se fazer:

STRENGTHS (Forças internas) Quais são seus pontos fortes, principais forças, qualidades, virtudes e talentos?	WEAKNESSES (Fraquezas internas) Quais são seus pontos que precisam ser melhorados, principais fraquezas, defeitos ou dificuldades?
OPPORTUNITIES (Oportunidades externas) Que oportunidades existem para você aproveitar essas forças e alcançar seus objetivos?	THREATS (Ameaças externas) Que ameaças existem, em razão de suas fraquezas, que podem impedi-la de atingir seus objetivos?

9

Andreia Gomes

Empresária, coach, palestrante. Bacharel em Administração de Empresas, pós-graduada em Gestão, MBA com extensão internacional na University of Miami. Certificada em coach com especializações na área pela Sociedade Brasileira de Coaching (SBC). É consultora em Análise Comportamental nos Métodos Via Professional e DISC. Participou de cursos internacionais e nacionais com Brian Tracy, Martin Seligman, Tony Robbins, Fátima Doman, Ben Tiggelaar, Villela Da Mata, Flora Victoria, Rodrigo Cardoso e Profª Dra. Carla Tieppo.

Com mais de trinta anos de experiência profissional, segue contribuindo para a construção de uma sociedade mais próspera e abundante, por meio de palestras, treinamentos e programas de desenvolvimento humano.

O sol que brilha em nossa vida

Eu sou Andreia Gomes, brasileira, mulher, mãe, esposa, empresária, sonhadora e realizadora. Venho de uma gente com tanta sede e fome de viver que vence seus desafios um a um; gente que, quando cai, se levanta chorando ou rindo para continuar, porque sabe que vencer não é uma opção, mas o fim.

Filha de um paraibano arretado e uma paulistinha tinhosa, pessoas que a vida teve o capricho de unir para formar um casal empreendedor de sonhos e quebras de paradigmas. Errando e acertando entre uma e outra escolha, esse casal marcou minha vida criando uma referência tão forte que as raízes ainda permanecem em mim.

Lembro-me, devia ter meus quatro ou cinco anos de idade, de um dia ver meu pai enchendo a laje do que seria a sua mercearia, posicionado sobre o que seria nosso banheiro, pois toda aquela construção, quando acabada, abrigaria nos fundos a nossa casa, que ele chamava de palácio, e na frente sua mercearia – a mercearia do Tonhão –, seu império, como ele gostava de dizer. Adorava e adoro até hoje ouvir as histórias do meu pai. Ele, quando mete uma coisa na cabeça, para convencer outras pessoas, conta histórias e contos. Queria ter herdado essa sua naturalidade.

Com sua calça preferida, boca de sino na cor vinho, e sua camisa branca já marrom de uma mistura de suor e terra, fumando cigarro com filtro entre uma baforada e outra, ele firmava o olhar no horizonte. Falava sobre como seria cada detalhe daquele lugar e o que faria. Descrevia o balcão, o jaleco, o que queria vender e como queria vender, e chegou a realizar tudo do jeitinho que me contou.

Meu pai me disse algo marcante que norteou minha vida e gravou a cena na minha mente: "Filha, está vendo tudo isso aqui? Eu e sua mãe estamos fazendo com nossas mãos", agitava a mão no ar. "E sabe por que, filha?", continuava ele com aquele olhar que me tirava o fôlego, pois se assemelhava ao de um super-herói. "Porque nós somos um pedaço de Deus; podemos fazer tudo o que quisermos, mesmo quando um monte de gente diz que não."

Então, ele se abaixou em seu andaime, estendeu-me a mão e me chamou: "Venha aqui, suba nos meus ombros e dê uma olhada no que será seu um dia". Sentada em seus ombros, consegui ver com seus olhos como era enorme aquele lugar (pasme, era um terreno de apenas 250 metros quadrados) e me senti naquele império sonhado. Logo entendi que podíamos realizar tudo o que desejássemos com o coração, desde que fizéssemos por merecer.

Ao longe, vi minha mãe revolvendo a massa que preencheria a laje, o que parecia exigir um esforço bruto. Ela sempre foi incansável e determinada. Usava seu vestido azul-marinho que ia até os joelhos, os pés atolados naquela massa. E pôde ouvir meu pai dizer: "Bem (era como ele a chamava), olha aqui!". E ela, brava como era, já ralhou com ele: "Largue essa menina, ela vai cair daí de cima, põe ela no chão", ou seja, fim de brincadeira. Joguei-lhe um beijo e desci.

Foi o suficiente para entender o que acontecia ali: a realização do sonho daquele casal. Queriam e lutavam por uma vida melhor, mais confortável, sem depender da ajuda de outras pessoas. Estavam exaustos dos falatórios nada motivadores sobre as possibilidades de crescimento deles.

Meu pai na época trabalhava como motorista de caminhão de bananas. Haviam se casado com a aprovação do meu avô, pai de minha mãe, mas sem a bênção e a alegria dele, um português rígido e rigoroso, desejoso de um casamento melhor para sua filha, ou seja, um homem estudado, oferecendo à jovem uma vida com menos sacrifício e ocupando uma posição mais privilegiada na sociedade. Não esperava que ela se cassasse tão cedo, provavelmente aos dezessete anos. Mas não, ela não estava grávida. Cheguei à vida deles quase dois anos depois.

Não são apenas meus pais nesta vida, mas as pessoas que mais me influenciaram e que me inspiraram a superar e a viver todos os meus desafios, descobrindo dia a dia que viver por viver um dia após o outro não é viver uma vida com propósito, é sobreviver sem um destino a cumprir. Deram-me o melhor que puderam em seus piores e melhores momentos, em suas piores e melhores versões, mas em todas elas me ensinaram a ter força, fibra e muita coragem para fazer o que precisava ser feito, quando precisava ser feito, melhor do que precisava ser feito, muito mais do que esperam de mim e muito mais do que eu mesma acredito ser capaz de fazer.

Com esse princípio consolidado em meu ser, transformei meu modo de vida de sobrevivência para viver uma vida de realizações e triunfos; demorei, mas aprendi a importância disso.

Ficaram casados por quase treze anos. Depois da pequena aventura nos ombros do meu pai, vi os dois realizarem o tão sonhado sonho – o de viver uma vida confortável. Tiveram casas, carros, foram os primeiros no bairro a ter TV colorida, meu pai foi um dos primeiros da sua família a ter banheiro de alvenaria, tiveram um sítio, onde havia até cavalos.

Quando a vida do casal estava se estabilizando, caíram em uma das armadilhas do caminho. Uma paixão avassaladora levou minha mãe de casa. Ela, mais uma vez, quebrou paradigmas, mas as consequências foram trágicas para a família toda, e inclusive para ela. Ficamos com meu pai contrariando todas as probabilidades da época; advogados e juízes tiveram de entrar em consenso para aprovar a guarda dos filhos para o pai, pois ela, a mãe, renunciou à guarda e a todo o patrimônio que haviam construído juntos.

Não a culpo e não a julgo, tampouco quero que você, leitor, a julgue; deixe de lado suas crenças e veja a realidade pelos olhos e pelas crenças dela. Havia um plano íntimo em seu coração, ingênuo, mas havia. Pretendia viver aquela aventura, voltar a estudar, ter uma posição social segura e depois buscar os filhos. Só não considerou o tempo, as consequências e o alto risco de não dar certo. Não deu.

Por fim, os quatro filhos do casal ficaram com o pai. Eu era a mais velha. Meu pai por longo tempo se consumiu na bebida e no jogo. Sem minha mãe, não teve mais ânimo para novas conquistas, acabou com seu patrimônio por falta de administração, bebidas, relacionamentos fracassados e uma tristeza interminável. Vitimou-se naquela situação e se esqueceu de viver como me ensinaram, apenas sobrevivendo aos dias sem se importar com os desafios.

Couberam a mim duas alternativas, as que percebia na época: fugir daquela situação – pensei em suicídio aos onze anos –, ficar e fazer as coisas darem certo até que os dois voltassem daquele momento de loucura e retomassem as rédeas da família. Confesso que a primeira opção era um perigo e não tinha ideia das consequências terríveis, mas a segunda soava assustadora; não sabia como fazer. Achei que alguém precisava cuidar do que era deles, os filhos.

Pensei, pensei até encontrar uma saída. Tracei um plano que incluía proteger meus irmãos e fazer com que recebessem o mínimo de cuidados, como eu havia tido até ali, roupa lavada, escola e comida – tudo isso eu acreditava ser capaz de fazer, ou daria um jeito de fazer. As coisas deveriam funcionar bem para que meu pai não sentisse a falta de uma mulher para cuidar dos filhos e da casa, então, ele não pensaria em substituí-la; poderia até namorar, mas não se preocupar em encontrar uma nova mãe.

Compartilhei o plano com minha tia Dinha, que, coitada, apesar de chorar mais do que eu, exerceu um papel fundamental para que eu soubesse como lidar com meus irmãos, inclusive me ensinando receitas, dando dicas de como corrigi-los e incentivando-me a não desistir de continuar a estudar e a cuidar deles. Só podíamos nos falar por telefone, pois a família dela não aprovava seu envolvimento em toda aquela situação.

Bom, não sei bem em que ordem aconteceu, mas lhe garanto que desisti de fugir e fiz as coisas acontecerem da melhor maneira possível, por que assumi aquela vida e a responsabilidade sobre meus irmãos.

Meu pai acabou virando mais filho do que pai. Foi a minha vez de colocá-lo sobre meus ombros para mostrar-lhe um futuro diferente do presente, mas ele precisaria sonhar, imaginar algo melhor e querer realizar fazendo o que precisava ser feito para merecê-lo.

Os encontros com minha mãe foram ficando escassos até que pararam de vez, e ela não mais fez parte da nossa vida durante longos anos.

Claro que errei mais do que acertei, não havia a menor possibilidade de uma criança estar preparada para aquela situação, a não ser pela conspiração do universo. E, sinceramente, olho para trás e na maioria das vezes, nas situações pelas quais passei ou pelas quais me contam que passei, só vejo um conjunto de arquitetos do universo unindo as pontas soltas e ajudando-me dia a dia. Eu e meus irmãos fomos conduzidos por alguma força divina em meio àqueles anos em que nossos pais se perderam no jogo da vida.

Triunfei quando ninguém acreditava que seria possível, venci batalhas às quais me obriguei a vencer, outras que não escolhi e me impuseram, outras que nem sei por que entrei. Não as vencia consciente de que eram batalhas; apenas entendia que era um momento e tudo passaria.

Um dia, um amigo chamado João Carlos, que me chamou de guerreira e corajosa, previu que eu escreveria um livro sobre isso. Ri da previsão. Mas foi nesse dia que olhei para trás e vi que realmente havia travado guerras grandiosas para alguém do meu tamanho. Até hoje, não sei explicar como foi, o que fiz e por quanto tempo fiz o que precisava ser feito, mas sei que procurava sempre fazer mais do que esperavam de mim, muito mais do que acreditava ser capaz de fazer e, principalmente, sei bem as razões que me motivaram a agir.

Em cada dia da minha vida amei as pessoas com quem convivi, cresci e amadureci, com toda a força da qual era capaz de amar e do jeito que sabia amar. Foquei na sobrevivência ao caos, desenvolvi a fé em dias melhores, agi para merecer os dias melhores, abominei todo tipo de preguiça, não aceitei ser vítima da situação e rejeitei realizar o destino que direcionavam para mim ou para os meus irmãos.

Nunca desisti de transmitir a eles e a mim mesma princípios e virtudes os quais acreditava que pessoas de bem deviam nutrir, como dignidade, honestidade, justiça e generosidade. Até hoje, são princípios básicos que me norteiam e os quais ensino ao meu filho.

Procurei ser dona do meu destino, desenvolvi a capacidade de planejar meus passos e minha visão do futuro. Aprendi a sonhar, imaginar, querer, organizar esforços e ousar empreender na realização. Mas, admito, sem a disciplina para cumprir o que precisava ser feito, como e quando, não teria conseguido.

Não fui uma pessoa fácil de conviver porque tinha medo do fracasso. A tela mental que me projetavam de um futuro em preto e branco me apavorava. Para que isso não acontecesse, escolhi um roteiro a seguir e organizava esforços para que eu e meus irmãos o seguíssemos. Para mim não era uma questão de sobrevivência, mas de necessidade de superar e vencer aquela situação.

A disciplina a que me impus de seguir o passo a passo e o ritmo para vencer cada dia e seus desafios não foi muitas vezes bem interpretada e, por conta disso, fui julgada e incompreendida por quem mais amava. Faltava-me a habilidade para lidar com as pessoas e a capacidade de demonstrar respeito usando a ternura e a brandura do amor, fundamentais para liderar aquela situação. Só mais tarde fui aprender que podemos ter mais sucesso com as pessoas ensinando-as a fazer o que precisa ser feito; elas podem não querer aprender e você não poderá obrigá-las a isso.

Eram tantas as críticas negativas que me influenciavam que me senti rejeitada e incapaz de conquistar a aprovação, o reconhecimento e o amor do outro. Chorei e sofri. Passei a não me amar, a não me cuidar e a não zelar pelo que era importante para mim. Priorizava apenas o bem-estar comum da família e daqueles de quem decidi cuidar. Desenvolvi uma fome insaciável por aprovação, reconhecimento e afeto. Comecei a agir como uma carente emocional. Frustrava-me quando trocava o melhor de mim por um pouco de atenção.

Cruzes! Que época sombria emocionalmente! Tive poucos amigos, não me lembro de muitos, e não dispunha de tempo para diversão. Vivia períodos de muita tensão e pressão impostas por mim mesma.

Certo dia tudo mudou, pois surgiu uma pessoa muito especial, que tinha em seu cerne a capacidade de acolher e amar, uma salvadora de almas. Ela me ensinou a cuidar de mim mesma para, depois, cuidar dos outros. Desenvolveu em mim a capacidade de olhar o futuro, sonhar, imaginar, acreditar e me sentir forte para realizar. Obrigou-me a olhar para dentro de mim e ver minhas virtudes, minhas fraquezas, minhas potencialidades, a encontrar espaço para me amar e me deixar ser amada, a me permitir errar e a aceitar o erro como forma de recomeçar.

Recontou minha história com orgulho, mas me alertou de que precisava ter começo, meio e um ponto final na dor, para que pudesse ser a heroína da minha própria jornada. Esse anjo foi a Cristina Bianchini a quem chamo carinhosamente de mãe. E não veio sozinha; como todo anjo, surgiu acompanhada de Alzira Bianchini, sua mãe e minha avó.

Vó Alzira me ensinava tudo que podia, mais o seu mais intenso ensinamento envolveu fé e generosidade. Sei de incontáveis manhãs dedicadas a fazer suas orações em minha intenção.

Sua energia angelical sempre alcançou meu coração e fortaleceu minhas ações. Tenho muita gratidão por toda família Bianchini; eles me salvaram da minha pior versão e foram fundamentais na minha transformação pessoal.

Lembro-me de umas das grandes lições dadas pela minha mãe Cris. Ela arrumou um canto na sua varanda dos fundos com uma mesa grande, uma toalha macia amarela e uma quantidade enorme de livros, coisa fácil para ela porque seus irmãos eram professores e todos embarcaram na mesma missão: incentivar a Andreia a realizar seu sonho – cursar uma faculdade.

Deveria estar lá todos os dias para estudar, depois do trabalho e de servir o jantar em casa. Certa vez, ela precisou sair e deixou as chaves comigo para fechar a casa quando acabasse os estudos. Ao sair, sem querer e sem perceber, deixei o molho de chaves cair na grama felpuda e alta da calçada, e só me dei conta de que o havia perdido quando ela o pediu de volta. Fiquei desesperada, com medo de decepcioná-la por não ter sido responsável o bastante. A preocupação se estampava em seu rosto, e os olhos azuis estavam vermelhos pelo nervosismo.

A preocupação se justificava pela forte onda de assalto no bairro. Quando questionada sobre as chaves, eu lhe disse que não sabia e afirmei que não haviam sido entregues. Mesmo percebendo que eu mentia, ela não disse uma palavra e, com uma cópia, entrou na casa. Apesar de encontrar as chaves na calçada, fingi não tê-las encontrado, coloquei-as sobre a mesa e fui embora.

Não demorou e a Cris foi me buscar e me levou para sua casa. Sentamo-nos no sofá da sala e a conversa foi longa. Eu, uma adulta, levando bronca como uma criança. Chorei de vergonha, medo e ao mesmo tempo alegria, porque havia encontrado alguém que se importava em me ensinar e me tratava como quem tem a aprender e não como quem tem a obrigação de ensinar. Entendi que mentir e fingir são coisas que magoam, confundem e anulam a credibilidade. Aprendi que ser forte é assumir as consequências dos erros e ter coragem é encontrar as soluções.

Ainda posso ouvir sua voz: "Filha, quem faz pequenas coisas o melhor que puder, com o melhor sentimento que tiver, alcança as grandes conquistas". Esse virou meu princípio para o triunfo.

Enxergar o mundo com alegria e esperança representou o ponto de partida para uma nova história de vida. Não foi fácil, tampouco simples, e a parte mais desafiadora foi o encontro comigo mesma. Mas era preciso ter clareza de quem eu era e do que poderia realizar se quisesse. A transformação pessoal revelaria a disciplina necessária para cumprir meu propósito e minha missão de vida.

As batalhas emocionais, materiais, profissionais e pessoais que vieram foram intensas. Saí do interior e fui morar na capital sozinha para ter mais condições financeiras, poder ajudar meus irmãos e cursar uma faculdade; queria abrir caminhos para eles seguirem se assim quisessem. E consegui entrar na faculdade e concluí-la – meu sonho!

Ao longo de toda minha jornada, conheci pessoas incríveis, capazes de amar sem julgamento, de dar sem esperar em troca, de abraçar sem medo e de permitir um beijo no coração.

Fiz amigos que se tornaram verdadeiros irmãos, pessoas que jamais me deixaram e me deixarão passar um cadinho de frio ou fome. São tantas histórias e pessoas para citar que um livro não seria o suficiente para falar sobre todos eles e nossas histórias. Gente que merece aplauso apenas por existir no universo. Gente como a Célia Ferro e o Luiz Carlos Moraes, como a Kátia Kimiyo e o Eduardo Rosa, como a Marilene Farneze, como a Karen Santos e o Roberto Leite, como a Ana Paula Silva. Sem eles, eu não teria conseguido concluir a fase crucial para conquistar a faculdade. Vinte e dois anos se passaram e continuamos amigos/irmãos.

Somos capazes de sentir na alma qual a nossa missão de vida e em qual talento devemos empregar nossos esforços de maneira organizada para realizá-la. Tive a alegria de ser tocada por esse sentimento mais uma vez.

Acabara de me formar na faculdade e queria expressar minha gratidão contemplando o nascer do sol. Escolhi o parque Celso Daniel, em Santo André, São Paulo. De repente, vi um passarinho no chão com dificuldades de voar. Logo outros passarinhos começaram a rodopiar em volta dele, bicando-o como se o forçassem a voar. Demorou algum tempo, mas o passarinho voou para um galho no alto de uma árvore. Ele e os outros cantavam; parecia uma comemoração. Depois bateram as asas e ganharam o céu azul e límpido.

Eu me senti como aquele passarinho. Um dia caída, noutro voando.

Percebi que havia conquistado meu grande sonho. Todas as adversidades foram vencidas, e eu me sentia protagonista daquele momento. Mas me dei conta de que até ali só havia sonhado. E agora, o que fazer?

Não me preparara para ir mais longe. Ainda não era mãe, não havia me casado, nem sequer namorava. Sabia que era hora de ter minha família e que podia, sim, amar e ser amada, afinal, estava feliz comigo mesma e pronta para isso. Naturalmente aconteceria. Então, o que fazer?

Compreendi que o caminho seria retribuir a tudo que havia recebido da vida.

Lembrei-me de que, ainda criança, sonhava em ser professora e imaginava uma sala muito maior que uma sala de aula, o que para a época não fazia sentido algum. Um sonho antigo que poderia, agora, ser realizado.

Lembrei-me da minha formação no magistério e de meus estágios. Poderia usar as técnicas para ensinar as pessoas a minha volta a alcançar seus ideais, seus sonhos. Prometi que iria fazer todo possível para ensinar a todos que se interessassem em aprender a superar os obstáculos para realizar o que quisessem, e faria isso como se fosse um estilo de vida.

Eu me comprometi em ser a melhor profissional que pudesse, uma pessoa pronta para agir com bondade, justiça e generosidade, contribuindo massivamente para que outros pudessem ter as mesmas ou mais oportunidades do que eu. E faria isso como a Cris fez comigo: abrindo as portas para o conhecimento.

Novo projeto de vida, novos planos, um novo ciclo.

Tenho prazer por ter de trilhar e estar trilhando esta jornada profissional. Sinto que estou sendo útil a quem precisa e quer ajuda. Ocupei cargos em que ensinei o que sabia e aprendi o que precisava saber. Estudei em instituições conceituadas, convivi com profissionais talentosos e tive excelentes professores e treinadores brasileiros e de outras nacionalidades, no Brasil e no exterior. Fiz dos meus líderes grandes mentores, busquei modelos e referências em quem me inspirar. Preparei-me e ainda me preparo todos os dias para fazer o que preciso e quero.

Descobri, estudando o coaching, que foi ele que me encontrou, pois me sinto coach deste de que nasci.

Foi uma trajetória longa e intensa até aqui. Realizei o sonho de construir uma família, aprendi com alguns erros, fracassei algumas vezes, mas construí uma vida que tenho orgulho não só de estar vivendo, mas também escrevendo sobre ela. Meu sentimento de gratidão à vida por tudo que recebi é muito grande. Quero retribuir ajudando o máximo de pessoas a sonhar, imaginar, acreditar, agir e realizar uma vida mais plena, mais justa, digna e próspera. Acredito no poder, que chamo de Poder Potencial Realizador, existente em todo ser humano e, portanto, na sua capacidade de realizar tudo o que quiser desde que esteja disposto a colocar energia e esforço organizado na sua conquista.

Assim sigo minha vida profissional e pessoal. Sou apaixonada pelo que faço, e farei isso por toda minha vida.

"

A formação do triunfo *(Disciplina)*

Estamos aqui! Você deve estar se perguntando como triunfar na jornada de realizar seus sonhos e objetivos.

E, se isso aconteceu, parabéns! Você acordou o seu Poder Potencial Realizador que habita em seu íntimo, capaz de realizar tudo o que quiser, como diz Andreia Gomes.

Como é bom saber que podemos realizar tudo o que queremos, não é verdade? E, melhor ainda, saber que não existe uma pessoa privilegiada, o que significa que todas nós temos esse poder.

Para vencer o caminho do triunfo, você precisa do destino. Portanto, é necessário assumir seu sonho acreditando na possibilidade de realizá-lo com toda a sua força de querer – Força de Vontade! Vamos em frente ousar em realizá-lo? Você está preparada para a verificação da mala de competências para essa viagem? Vamos precisar de três coisas: Saber o que fazer, como fazer e fazer.

Primeiro, é preciso que saiba a principal diferença entre uma pessoa que vence daquela que fracassa.

A primeira teve uma força de vontade além do comum para conquistar o que queria. No entanto, a segunda se perdeu no caminho porque não usou a força de vontade dentro de si mesma para conquistar. Simples assim!

A frase de Albert Einstein diz muito sobre força de vontade!

> *"Há uma força motriz mais poderosa que o vapor, a eletricidade e a energia atômica: A Vontade."*

Nós, mulheres, ainda somos a minoria dessa pequena minoria que vence. E temos todas as habilidades e competências como qualquer outra pessoa, independentemente do sexo. No entanto, não nos permitimos acreditar nessa força a ponto de mudar comportamentos e quebrar paradigmas.

Entretanto, existe uma competência especial, entre tantas, que você deve desenvolver. Ela lhe garantirá maior sucesso e felicidade na vida. De mil princípios para o sucesso desenvolvidos ao longo dos tempos, essa competência fará mais para assegurar que você realize coisas maravilhosas em sua vida. Ela é tão importante que, se você não a desenvolver, será extremamente difícil alcançar o que de fato pode alcançar.

Estamos falando da competência da autodisciplina. Mais que um hábito ou uma prática, é uma filosofia e um estilo de viver. Todas as mulheres bem-sucedidas são altamente disciplinadas. E todas as malsucedidas não são disciplinadas e não conseguem controlar seus comportamentos e apetites. Quando você desenvolve os mesmos níveis de disciplina dessas mulheres, aumenta suas chances de alcançar os mesmos resultados que elas alcançaram na vida. Disciplina é a ponte entre objetivos e realizações.

Interessante que, quando ouvimos a palavra autodisciplina, parece imediatamente acender um sinal de alerta sobre nós, algo do tipo: "Hum, lá vem algo castrador de liberdade". Isso ocorre porque a disciplina está ligada a crenças altamente rígidas, rigorosas, como regras que determinam o que fazer, como fazer e quando fazer. E o problema parece se agravar no "quando", já que limita muito as escolhas entre as opções que temos para decidir o que queremos fazer no momento do agora.

Mas isso lhe parece tão ruim assim? Ou será que se acostumou com essa crença social?

Antes de responder, vamos revisitar o entendimento sobre crenças.

Uma das principais razões de não alcançarmos o sucesso é a falta de crenças libertadoras ou motivadoras que impulsionam o desejo de conquistar o sucesso; aquelas que nos fazem sonhar, acreditar e ter a ousadia de realizar por meio de atitudes concretas em direção ao futuro, sem prejuízo do presente, fazendo hoje o que precisa ser feito para se chegar ao topo.

Ao longo de séculos, geração a geração, mulheres foram educadas para realizar um destino que seria o contentamento com os cuidados do lar, da família, dos serviços domésticos ou serviços considerados secundários para a sociedade. Em momentos históricos, quando países devastados pelas guerras de todos os tipos precisaram da força feminina no campo ou na cidade para auxiliar em sua reconstrução, as mulheres foram obrigadas a se ausentar do lar para a contribuição necessária.

Por mais curioso que seja, uma vez aprendido esse ensinamento, ele era replicado às próximas mulheres pelas próprias mulheres. Entender isso é compreender a hereditária de crenças sociais que podem sabotar o desejo das mulheres de conquistar uma vida mais plena e feliz em todas as áreas da vida, como familiar, profissional, financeira, afetiva, da saúde e espiritual. É também compreender que uma mulher pode ocupar um espaço de relevância nessas áreas a qualquer momento, em qualquer tempo, sem com isso ter de masculinizar suas habilidades e competências femininas, que a própria natureza concedeu e concebeu.

Ter coragem faz parte do caminho do triunfo, como você deve ter observado no capítulo do autoconhecimento; olhar profundamente para si mesma e identificar crenças hereditárias e próprias, que podem ser limitantes, libertadoras ou motivadoras. E o que são essas crenças se não a maneira como enxergamos e interpretamos o mundo, assumindo consciente ou inconscientemente regras de conduta e margem para traçar padrões de comportamentos. Algumas delas vão nos levar direto para o topo, mas outras nos levarão à estagnação do nosso potencial ou à procrastinação das ações, aumentando temores do fracasso.

A ideia de que disciplina seja um rigor, uma forma hostil de imposição do que fazer, causa rejeição para sua aplicação como uma competência de sucesso.

Você deve ter percebido na história da Andreia como a autodisciplina foi importante para superar a tensão gerada pela desestrutura familiar. Uma criança, sem orientação alguma para vivenciar os cuidados domésticos que um lar requer, muito menos sobre como educar outra criança, viu no estratagema de um plano de ação a fórmula mágica para vencer os desafios. No entanto, sem a autodisciplina para o cumprimento de tal plano, nada teria acontecido.

Retomemos, então, a pergunta:

"A disciplina lhe parece tão ruim assim? Ou será que você se acostumou com essa crença social?"

Saber para onde quer ir é um dos primeiros passos para conquistar seu triunfo, mas vencer sua crença limitante acerca de disciplina é garantir que se chegue lá!

A vida da mulher nesse novo tempo tornou-se muito complexa. Ela está a todo momento se cobrando para ser excelente mãe, esposa, amiga, suficientemente boa profissional, ter tantos conhecimentos quanto se há para aprender, resolver todos os problemas domésticos, dar conta das compras domésticas e estar presente em todas as reuniões e encontros escolares. A busca pela excelência da competência da multitarefa, mas sem disciplina e certa organização do tempo, não passa de cobrança sabotadora minimizando suas possibilidades de conseguir realizar tudo o que quer.

Se você quer mesmo triunfar, vai precisar enfrentar e vencer suas barreiras íntimas sobre fazer um planejamento útil, uma distribuição de atividades eficiente e um bom gerenciamento do tempo. Comece por usar toda sua determinação e força de vontade para entrar em ação agora, não depois, agora.

Pitágoras, em suas sábias palavras, nos ensina a valorizar o planejamento e o tempo: "Com organização e tempo, acha-se o segredo de fazer tudo e bem feito". Ou, quem sabe, Confúcio traga a inspiração necessária: "Nada é complicado se nos preparamos sabiamente".

Já percebeu que, na maioria das vezes, nós, mulheres, nos atolamos de afazeres porque não nos sentimos bem em dizer "não"? Sim, um simples *não* é quase impossível de ser dito. Com isso, vamos nos responsabilizando por entregas de metas, projetos, desafios que não são nossos, até mesmo tarefas comuns que não nos cabe fazer, ou que poderíamos delegar a outro, ou que poderiam ser feitas por quem solicita. Elas, porém, acumulam-se na lista do que podemos chamar do "deixa para depois". E, com essa numerosa e gigantesca lista de coisas para fazer, as famosas pendências, diga-se de passagem, mentalmente organizadas, os projetos pessoais perdem espaço no tempo e no espaço, o sentimento de frustração acomete o coração e os pensamentos sobre incompetência e incapacidade giram feito roda gigante na cabeça. Isso não é legal! É desmotivador e definitivamente paralisa qualquer um!

No entanto, você pode parar com isso. Pode mudar o curso da vida e redirecioná-la para o destino que desejar. Basta mudar seu padrão de comportamento com determinação e agir com autodisciplina.

Da próxima vez que alguém lhe pedir algo, considere passar por três filtros mentais antes de responder:

Primeiro, veja se a tarefa está alinhada com seus objetivos, se ela vai levá-lo a um nível que o aproxime do que é importante para você atingir. Considere ser útil a quem pede, sem prejuízo a você e aos compromissos assumidos anteriormente.

Segundo, considere se o solicitante está realmente sem recursos qualificados para solucionar o que lhe pede e se não há outra pessoa que possa atender com mais imediatismo, inclusive sendo mais eficiente na entrega. Se acaso entender que você terá de assumir tal compromisso, certifique-se imediatamente de que está de posse de todas as informações necessárias, evitando perda de tempo e procrastinação por não saber como resolver.

Terceiro, e talvez a mais relevante, não assuma compromissos que sabe que não cumprirá. Isso vai acabar com sua autoestima, autoconfiança, dará mais crédito ao sabotador interno, e, ainda, põe em risco sua imagem pessoal de credibilidade.

Resumindo, aprenda a dizer *não*!

Quando tiver de dizer *não*, olhe firme para a pessoa, nos olhos dela, e com toda a gentileza, porém, decidida, diga *não*, depois se justifique, se necessário. Jamais se justifique antes de dizer *não*, pois estará dando condições de argumentações e poderá se convencer a assumir o compromisso.

Importante ter a lista de coisas pendentes organizada em uma planilha, bloco de anotações, ou até uma agenda física, mas que, definitivamente, deve conter apenas o que lhe cabe. Você pode fazer uma revisão do que consta na lista e sem demora tomar as seguintes providências.

Eliminar o que já não faz mais sentido estar ali, por exemplo, aquilo que faz meses que está no mesmo lugar. Se nada aconteceu, pergunte-se por que ainda está ali. Muitas vezes, colocamos na lista coisas que não interferem em nossos resultados, apenas pela inquietação do perfeccionismo exagerado, e com o passar do tempo nos esquecemos de fazer, lembrando-nos apenas no momento das críticas íntimas.

É possível que encontre coisas que outras pessoas possam fazer, então delegar é uma boa alternativa. Quando delegamos a tarefa, vamos abrindo espaço para pensar estrategicamente no que realmente importa. É comum o medo de delegar pela insegurança de não sair como gostaríamos, por isso, ao delegar, escolha a pessoa que estará disposta a fazer o melhor. Use de toda a sua humildade e reconheça que sempre pode encontrar alguém que fará tão bem quanto você, sem medo do julgamento de que não está sendo capaz de fazer.

Faça aquelas tarefas simples, como mandar um e-mail que alguém não recebeu, de imediato, não acumule tarefas pequenas e fáceis. Elas, juntas, somam um número suficiente para gerar irritação com a sensação de perda de tempo. Fazer o simples sempre que possível gera o sentimento de capacidade. Mas, cuidado, isso não deve ser as interrupções prazerosas que tiram você da rota.

Stephen R. Covey, em seu livro *Os 7 hábitos das pessoas altamente eficazes*, resume em quatro quadrantes o gerenciamento das atividades, uma maneira bastante simples, prática, útil e saudável de não apenas selecionar a lista de pendências, mas também de organizar o dia e distribuir tarefas.

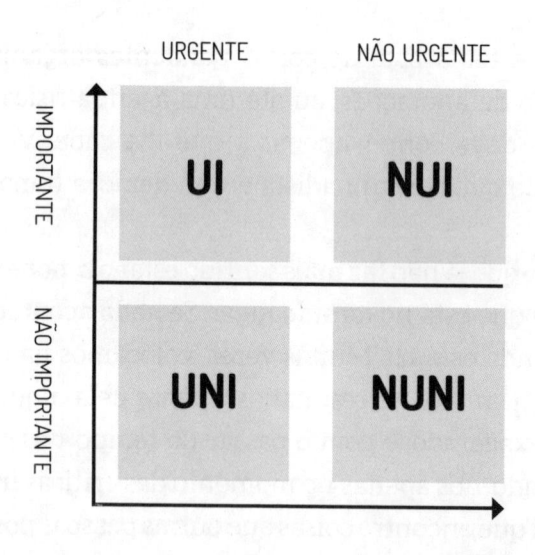

	URGENTE	NÃO URGENTE
IMPORTANTE	UI	NUI
NÃO IMPORTANTE	UNI	NUNI

O quadrante das crises, importante e urgente, é constituído por aquelas tarefas que, na maioria das vezes, poderiam ter sido planejadas e até tinham prazo suficiente para serem cumpridas, mas foram sendo deixadas para depois. A causa pode ser a procrastinação. São tarefas realizadas sob pressão e, por isso, geram estresse, esgotamento e insatisfação, o que exige muito controle emocional.

O quadrante do planejamento, não urgente e importante, é aquele que pode ser mais bem planejado, organizado em o que fazer, como fazer, quando fazer, quanto e quais recursos serão necessários para fazer. Constitui o melhor de todos os quadrantes porque trabalha a qualidade da execução, amplia a visão, a estratégia, e gera oportunidades de resultados melhores. Além disso, gera satisfação, sentimento de competência, e eleva a autoestima.

O quadrante das interrupções, não importante e urgente, normalmente são os telefonemas recebidos e realizados que se estendem sem objetividade, os e-mail classificados urgentes ou emergenciais, visitas inesperadas, novas demandas. Em sua maioria, não estão sob nosso controle, mas podem ser minimizadas e limitadas se impusermos limites e restrições adequadas. Nesse quadrante, saber e querer delegar lhe dará vantagens sobre a otimização do tempo, e agendar reuniões ajudará a se planejar para discutir e solucionar assuntos importantes, evitando interrupções constantes. Ele gera decepção e frustração, quando prejudica a conclusão eficiente das tarefas em andamento, ansiedade e angústia, pelo uso inapropriado do tempo, e facilita as distrações por elevar o cansaço e a repetição de retomar a tarefa.

Quadrante das distrações, não importante e não urgente, geralmente são as tarefas que mais gostamos de fazer e que nos gera alto grau de prazer. As navegações nas mídias sócias, as mensagens e notificações variadas com informações irrelevantes, conversas paralelas sobre temas variados, comentários sobre a situação do outro, trocas de e-mail fora do contexto da tarefa, programações de TV que não agregam valor. Enfim, toda forma de distração que gera fuga do cumprimento das tarefas e dos objetivos definidos. Total perda de tempo.

Brian Tracy aponta em seu livro *No Excuses!: The Power of Self--Discipline* que apenas 3% dos adultos têm metas e planos escritos, e esses 3% ganham mais do que todos os outros 97% juntos. Por quê? A resposta mais simples é que, se você tiver um objetivo claro e um plano para alcançá-lo, tem um objetivo para focar, em vez de perder seu foco com distrações e diversões, perda ou desvio. Mais e mais do seu tempo é focado em uma linha direta – de onde você está para onde quer ir. É por isso que pessoas com metas cumprem muito mais do que pessoas sem elas.

A tragédia é que a maioria das mulheres pensa que já possui metas. Mas o que elas realmente têm são esperanças e desejos. No entanto, esperança não é uma estratégia para realizar seus sonhos, e um desejo não pode ser definido como um plano para chegar lá. Enquanto você estiver apenas tendo esperança e desejos, nunca se envolverá no difícil e disciplinado esforço de definição de metas – e esse é o triunfo do sucesso. O triunfo consistente não ocorre por acaso. O segredo para chegar lá é: elimine distrações.

Você estava esperando por algo mais complicado?

Não é complicado. Ser disciplinada requer a eliminação daquilo que a impede de fazer o que precisa ser feito. E o que pior, acaba gerando muito estresse, pois você sabe o que tem de ser feito, entretanto, não o faz, pois perdeu tempo com distrações. A distração é o inimigo da disciplina.

O primeiro passo para ser uma pessoa disciplinada é identificar essa inimiga silenciosa chamada distração, aquilo que a faz olhar na direção oposta a suas metas e objetivos. Para ajudá-la, vamos relacionar aqui alguns fatores de distração e perda de energia que atrapalham qualquer processo de autodisciplina. Se você se lembrar de algum que não esteja relacionado, basta escrevê-lo no espaço reservado.

Para o exercício, atribua uma nota de 0 a 10 para cada um dos fatores. Você atribuirá 0 para aquilo que, de maneira alguma, lhe causa distração. E 10 para aqueles fatores que a distraem o tempo todo.

Principais fatores de distração

Amizades que não agregam ( )	Superproteção dos filhos ( )	Ressentimentos ( )
Filmes e vídeos ( )	Festas e baladas ( )	Insegurança ( )
Só fazer o que dá prazer ( )	Bebidas ( )	Preguiça ( )
Telenovelas ( )	Outras drogas ( )	Depressão ( )
Telejornais ( )	Facebook ( )	Esportes e *hobbies* ( )
Jogos no celular ( )	WhatsApp ( )	_____ ( )
Relacionamento amoroso improdutivo ( )	Telefone ( )	_____ ( )
Caso extraconjugal ( )	Outas redes sociais ( )	_____ ( )
Jogos de azar ( )	Falar da vida dos outros ( )	_____ ( )
	Vitimização ( )	_____ ( )

Se parar para observar, esses comportamentos, que muitas vezes nos parecem "ingênuos", são responsáveis por carreiras estagnadas, relacionamentos malsucedidos, contas atrasadas, empresas quebradas, filhos órfãos de pais vivos, dependência financeira, acidentes e muitos outros danos.

Veja, há um princípio de "exclusão" no tempo e no gerenciamento pessoal. O cálculo é simples, se você gastar todo o seu tempo em tarefas altamente produtivas (alto impacto), ao final do dia, terá "superado" todas as atividades improdutivas que podem ter distraído seu trabalho real. Por outro lado, se gastar seu tempo em atividades de baixo valor, essas atividades de baixo valor (baixo impacto) evitarão o tempo de que você precisa para completar as tarefas que podem fazer toda a diferença em sua vida. E a chave para essa atitude em relação ao tempo e à gestão pessoal é sempre a autodisciplina.

Como anda o seu tempo? Tem conseguido fazer tudo a que se propõe diariamente? Consegue conciliar vida pessoal e profissional sem que nenhuma delas fique prejudicada?

Existem várias disciplinas que você precisa desenvolver se quiser alcançar todo o seu potencial. A primeira delas é a de gestão de tempo.

Como falamos, no contexto atual, em que nós, mulheres, temos muitas tarefas e prazos curtos para cumpri-las, afinal, exercemos todos os dias muitos papéis, assim a boa organização do tempo se tornou uma prioridade para quem quer realizar seus objetivos. Muitas mulheres acabam se concentrando apenas em resolver o maior número de obrigações e problemas, o que acaba gerando sobrecarga e estresse, e esquecem que, para alcançar seus objetivos, é preciso, todos os dias, executar atividades que as levem ao encontro de seus objetivos, seus sonhos.

Aprender a administrar o tempo de modo eficaz é fundamental para estabelecer uma rotina mais produtiva, tranquila e significante. Isso evita a exaustão física e a mental, a má alimentação e a falta de criatividade. Esse desafio, porém, exige empenho e disciplina. Novamente, isso significa que você deve pegar papel e caneta. Pense e depois faça uma lista escrita de todas as ações que precisa realizar para alcançar seus objetivos.

Aqui vai uma sugestão para organizar ainda mais seu plano de vida e entrar em ação. Isso dará mais vida e motivos para você se autodisciplinar e se determinar a fazer.

Procure organizar, em uma folha de papel, uma lista com as várias áreas da sua vida; sua carreira, seu dinheiro, sua família, sua saúde e as outras partes que são importantes para você. Defina ações de acordo com seus objetivos e reescreva suas listas a fim de que seus objetivos mais importantes estejam no topo. Em outra folha, faça uma lista de tudo que você pode pensar em fazer, agora mesmo, para movê-la para a realização de seus objetivos mais importantes. Afinal, o que podemos administrar são nossas ações. Vamos organizar de maneira que fique fácil sua visualização; se possível, coloque tudo em uma cartolina para que depois possa acompanhar como em um grande quadro. Você pode guardá-la em um local de fácil acesso depois de pronta, ou, ainda, poderá prendê-la em uma de suas paredes para visualizar sempre que possível. A programação neurolinguística (PNL), modelo de comunicação, criada por Richard Bandler e John Grinder na Califórnia, Estados Unidos na década de 1970, recomenda fortemente que sempre tenhamos contato visual com nosso objetivo, enviando mensagens positivas para nosso cérebro a fim de que o nosso corpo reaja bioquimicamente em sua direção.

Então, vejamos, agora você já sabe do que precisa para estabelecer um plano de ação.

1) O que quer alcançar? Lembre-se, objetivos claros em cada área da sua vida, porém, com um foco concentrado no que é mais importante para você. E, se houver mais de um objetivo importante, um não pode contradizer o outro. Todos precisam ter afinidades entre si e ser complementares.
2) Quando quer alcançar? Ter prazo para atingir seus objetivos, ou seu sonho, vai transformá-los em metas. Toda meta exige concentração, foco, determinação e crença positiva para ser cumprida, mas, acima de tudo, exigirá esforço organizado, força de vontade e muita, muita disciplina. Aliás, disciplina será seu desafio durante todo o processo.
3) O que fará para alcançar a meta? Nesse estágio, quanto mais detalhar cada passo a passo, mais organizadas serão suas ações e mais fácil será a concentração de esforços para a realização. Isso porque terá clareza dos recursos de que vai precisar, principalmente, o recurso do tempo; nesse caso, a consciência do tempo necessário vai despertar maior engajamento íntimo. Lembrando que o tempo é o único recurso que você jamais vai estocar, portanto, administre bem o seu tempo disponível.

Quatro passos que podem ajudá-la

Passo 1 – Identificar as ações necessárias para a realização dos objetivos
- Que ações serão necessárias para transformar seu sonho em realidade?
- O que só você pode fazer e que, se for bem feito, causará uma grande diferença na realização do seu objetivo?

Passo 2 – Avaliar as atividades diárias
Como você descreveria sua agenda diária? (Descreva sua rotina.)

Passo 3 – Análise de impacto
Avalie as consequências de cada ação e categorize-as em ABCDE.

A: Alto Impacto – São ações que possuem grande importância, com consequências altamente produtivas.
Reflita: Quais são as atividades diárias que trazem grande resultado para a sua vida como um todo?

B: Médio Impacto – Possuem importância, mas, se não forem realizadas, trarão poucas consequências para a realização dos seus objetivos.
Reflita: Quais tarefas são urgentes, mas exercem pouca influência na realização dos seus sonhos? (Normalmente, são tarefas que apresentam consequências para outras pessoas.)

C: Baixo Impacto – Seria bom, mas com pouca consequência.
Reflita: Quais tarefas não possuem importância, não são urgentes e trazem poucas consequências imediatas para a realização dos seus sonhos?

D: Delegáveis – Quais tarefas você poderia delegar para outra pessoa fazer?

E: Elimináveis – Onde você acha que desperdiça seu tempo? O que faz que proporciona conforto, mas não tem impacto em sua vida?

Passo 4 – Reorganize sua agenda

A autodisciplina é a chave para a grandeza pessoal, para o triunfo. É a qualidade mágica que abre todas as portas para você, e torna tudo mais possível. Com autodisciplina, podemos subir tão longe e tão rápido quanto nosso talento e inteligência podem nos levar. No entanto, sem autodisciplina, mesmo uma pessoa com boa estrutura familiar, recursos financeiros ou que tenha recebido boas oportunidades dificilmente alcançará seus objetivos.

> *"Acredito no poder potencial realizador existente em todos nós, portanto, na sua capacidade de produzir todo e qualquer resultado, desde que esteja disposto a colocar energia potencial e esforço organizado na conquista."*
>
> *(Andreia Gomes)*

Você é o que decidir acreditar, pode chegar aonde conseguir imaginar, tem condições de realizar o que sonhar. Acredite nessa força que habita em seu íntimo, ouça sua sabedoria interior, liberte sua imaginação, ouse acreditar mais em seu potencial e libere toda a sua competência para realizar. Como a Andreia nos mostrou em sua história, *faça o que precisa ser feito, como precisa ser feito, quando precisa ser feito, melhor do que esperam de você e mais do que você espera de si mesma.*

Esteja pronta para aprender com seus erros, afinal, só errando que aprenderemos como fazer o que é certo para chegar ao destino do triunfo.

Você sabe que precisará ser resiliente? Então, confira a emocionante história da Roberta. Ela vai nos mostrar no próximo capítulo quão importante é ter resiliência.

10

Roberta Pauli

Proprietária de escritório de arquitetura, arte e design há quinze anos. Bacharel em Arquitetura e Urbanismo, formada em Design de Interiores pela Escola Panamericana de São Paulo e especialista em Educação para o Ensino Superior pela FAIP. Artista plástica, participou de exposições no Brasil, Estados Unidos e Europa. Em 2014 foi considerada pelo livro *Influências* uma das quarenta personalidades mais influentes na Cultura da Alta Paulista, e em 2016 recebeu o título de Comendadora pela empresa Braslider, como profissional do ano, destaque nacional, mérito social profissional & cidadã que acrescenta à nação.

O outro lado da lua

Eu jamais havia sentido uma dor de cabeça tão forte quanto aquela, que surgiu enquanto atendia um cliente no meu escritório de arquitetura e design. Tomei um analgésico e a dor passou, mas algo estava errado. "Segunda-feira vou consultar um neurologista", resolvi. Alguns meses antes, eu vinha esquecendo umas palavras e até ria disso com o Renato, meu marido. "É estresse", algumas pessoas me diziam.

Depois de um domingo ótimo sem qualquer sinal de dor, a caminho do escritório, pensei: "Será que preciso mesmo ir ao médico?". A resposta não tardou, na forma de leve tontura. Estacionei o carro, vi que aquilo não era normal e passei no consultório de um dos melhores neurologistas da minha cidade. "Deve ter sido uma crise de enxaqueca, mas é bom fazer uma tomografia, por precaução", disse o médico depois de algumas perguntas. Marquei o exame para aquela tarde e pedi ao Renato que me acompanhasse. Sentia-me tranquila, sem imaginar o que estava por vir.

"Faz tempo que você sente dor de cabeça?", perguntou o radiologista, com uma expressão esquisita. Perguntei-lhe se havia alguma coisa errada no meu cérebro. Ele tentou me acalmar dizendo "calma, está tudo bem", e ao mesmo tempo me deixou nervosa, recomendando que eu fosse no mesmo dia mostrar o exame ao meu médico.

Já era noite quando o neurologista conseguiu me atender, depois de uma espera aflitiva. Olhou calmamente os exames e me disse para fazer uma ressonância magnética logo na manhã seguinte, porque precisava de um exame mais detalhado, e me receitou um anticonvulsivo. Aquela dor era consequência de um AVC, acidente vascular cerebral. "Repouso total. Sem ir ao trabalho, nem à academia, sem fazer esforço nenhum", disse ele ao final da consulta, categórico.

Depois de uma noite cheia de pensamentos atormentados, entrar no tubo da ressonância magnética parecia um prenúncio de que a minha vida iria mudar radicalmente. Quatro dias depois, o diagnóstico: tumor cerebral, com diâmetros de 5 e 4,5 centímetros.

Parecia desmoronar, de repente, o futuro imaginado por aquela menina em sua infância tranquila na cidade de Marília, interior de São Paulo, e aquela jovem apaixonada desde os dezesseis pelo Renato, com quem planejava ter filhos, uma família feliz, e que aos dezessete anos foi cursar Arquitetura e Urbanismo na capital, construindo o sonho de uma trajetória profissional altamente gratificante.

Será que vou sobreviver? E se ficar com sequelas? Vou ter que raspar a cabeça? Poderei continuar a trabalhar como arquiteta? A cicatriz vai ficar aparente? E se eu voltar meio doida? Essas eram perguntas que na época pairavam em meus pensamentos e me faziam sentir muito medo! Chorava muito e não parava de pensar: "Acabou, tenho seis meses de vida". Ou: "Vou virar um vegetal". O Renato tentava me consolar, mas não sabia mais o que me dizer ou fazer.

Escolhi seguir em frente e buscar boas respostas para as minhas perguntas. "O tumor é benigno. Vai ser extraído na cirurgia e, pronto, você poderá seguir a vida normalmente", garantiu um neurocirurgião. Mas nem todo médico é focado na cura. Em um hospital conceituado de uma cidade próxima (porque em Marília não era possível fazer esse tipo de cirurgia), o médico olhou meus exames e, ao me ver sorrir, perguntou por que eu estava feliz. Respondi que já sabia o que tinha, ia operar e ficar bem. Para meu espanto, ele comentou: "Acho que o seu médico de Marília dourou a pílula. Não é bem assim não". E fulminou: "Prepare-se, porque vai começar a esquecer tudo e terá de parar de trabalhar". Meu rosto, que antes sorria, encharcou-se de lágrimas. Renato e meu pai, ao meu lado, também estavam perplexos. Mesmo assim, marquei a cirurgia naquele hospital para duas semanas depois.

Poucos dias antes da data marcada, percebi que havia algo de errado comigo. Febre, muitas aftas, falta de ar e pequenas erupções por todo o corpo. Era a síndrome de Stevens-Johnson, mais complicada do que o problema que tinha no cérebro. Jamais havia ouvido falar dessa doença autoimune, nem fazia ideia da gravidade. Internada, meu estado piorou rapidamente e apenas no oitavo dia de internação, à base de muita cortisona e cremes, comecei a sentir que, aos poucos, a pele voltava ao normal. Tempos depois entendi que essa síndrome pode matar, mas, no meu caso, me salvou, porque me livrou de ter meu cérebro operado por aquele médico insensível.

Completamente diferente daquela consulta que me deixara arrasada foi o atendimento que recebi no hospital da USP, em Ribeirão Preto. "Roberta, você entrou aqui andando e falando, e assim você vai sair da cirurgia, andando e falando", disse o médico neurocirurgião e professor da USP, enquanto via meus exames. Finalmente, havia encontrado o meu médico.

Foram oito horas de cirurgia, com a ajuda de um neuronavegador (santa tecnologia!). Agora teríamos de aguardar o resultado da biópsia para saber qual era o tipo de tumor. Poucos dias depois, deparei com uma situação muito louca ao acordar: todo mundo tinha a mesma fisionomia! Marido, pai, mãe, irmãs, sobrinha, seja lá quem fosse, eram todos iguais. A mesma cara. Contei o fato ao meu médico, e ele me explicou que a cirurgia tinha mexido em uma área próxima do reconhecimento de faces, e que meu cérebro ainda estava inchado, por isso aquela região toda era afetada, mas, assim que o inchaço passasse, eu voltaria a ver todos como antes. E aconteceu: acordei um dia e as pessoas estavam novamente com seus próprios rostos. Aos poucos eu retornava às atividades normais do dia a dia.

Meses depois, saiu o resultado da biópsia: o tumor era de baixa malignidade e crescimento lento. Tendia a reaparecer porque geralmente não se consegue retirá-lo por completo. No entanto, poderia aumentar nas recidivas, tornando-se maligno. Agora que já sabíamos com o que estávamos lidando, o plano era o seguinte: esperar até outubro para outra ressonância magnética ("RM", para os íntimos) e então ver como ele estava evoluindo. Passaram-se os meses e, com a RM nas mãos, o professor me disse que ainda havia mais um pouco do tumor.

Encarei minha segunda batalha contra a doença confiando de olhos fechados na equipe médica. Novamente tudo correu bem, e mais uma vez seria preciso aguardar alguns meses para ver se haveria alguma alteração na biópsia. Quando o resultado chegou, o tumor continuava igual: oligodendroglioma grau II.

A vida seguiu, mas eu não era mais a mesma pessoa. Descobri coisas guardadas dentro de mim que jamais conheceria se não tivesse passado por tudo isso. Hoje entendo o propósito de todo aquele sofrimento que me levou a superar qualquer dor, qualquer medo, qualquer tormenta. Aquele vendaval não era o fim, e sim o começo de algo muito maior, que eu nunca havia imaginado, acontecendo em minha vida. Eu, que sempre fui tímida, introvertida, estava mais expansiva e mais criativa.

Um dia, no escritório, observei-me trabalhando, projetando, e me veio à memória uma das frases infelizes daquele médico do primeiro hospital onde me consultei, as quais às vezes ainda martelavam na minha cabeça: "Depois da cirurgia, você vai se aposentar da arquitetura, porque ficará incapaz de trabalhar com criação". A melhor resposta para aquela lembrança negativa era a criatividade que fluía de mim como nunca antes. "Se tivesse operado o joelho, faria uma fisioterapia, então meu cérebro também precisa exercitar a criatividade." Com esse *insight*, resolvi começar a pintar. Quinze anos antes eu havia feito aulas de pintura, retratando muita natureza-morta, mas nesse novo momento de minha vida eu queria cor, alegria! Percebi que tinha algo significativo para transmitir por meio das artes plásticas.

Fiz um curso de estamparia e logo comecei a pôr em prática o que estava aprendendo. Na primeira semana após o curso, pintei duas telas, que mostrei a clientes e família, e não é que fizeram sucesso? "É isso! Achei o meu estilo. Abstrato, com muitas cores e formas", pensei. Dois meses depois da primeira tela, eu já estava fazendo um trabalho para a vitrine de uma loja no shopping Cidade Jardim, em São Paulo.

Na mesma época, fiz um curso de Gestão para Escritórios de Arquitetura, em São Paulo, e levei umas obras minhas, pois estava visitando galerias de arte para mostrar meu trabalho. Aliás, consegui espaço em uma galeria e assinei contrato de um ano. E no curso conheci duas arquitetas que me convidaram a participar com elas da Casa Cor São Paulo. No dia da abertura, conheci uma senhora que era franqueada da Casa Cor MT e me convidou para participar de um leilão em prol do Hospital do Câncer de Cuiabá, doando uma obra de arte minha. Além de ver meus caminhos abertos para a arte, acentuava-se também o sentido da ação social.

Alguns meses depois, sentindo-me sobrecarregada, quase desanimando por trabalhar ao mesmo tempo como arquiteta, designer e artista plástica, estava pintando uma mandala; estampei alguns quadrados em volta e fui dormir. Na manhã seguinte, notei uma imagem dentro de um dos quadrados, cheguei mais perto e não havia como negar: era a face de Cristo. Estampei outro quadrado, agora menor, e diante dos meus olhos se formou a imagem da cruz, parecida com um pingente que uso no pescoço desde a primeira cirurgia. Não contive as lágrimas. A partir desse episódio, percebi que não devia parar de pintar. Na mesma semana, recebi o telefonema de uma *marchand* brasileira que mora em Paris, convidando-me para participar de uma exposição no Le Carrousel du Louvre. Hoje não acredito em coincidências. Em apenas dez meses como artista plástica, eu estava expondo em um dos mais importantes museus do mundo! Parecia um sonho.

Mas nem tudo são flores. Jantando em casa, comecei a me sentir mal e tive uma convulsão, pela primeira e única vez na vida. Novos exames mostraram a necessidade de mais uma cirurgia, porque uma parte do tumor havia crescido e, ao pressionar o meu cérebro, causara a convulsão.

O surgimento de imagens de Cristo e da cruz na minha pintura tinha fortalecido minha fé. Um cliente que eu estava atendendo em meu escritório me falou de um centro espírita na cidade de Franca, que fazia tratamento espiritual, e lá fomos nós, eu e meu fiel escudeiro Renato. Dez dias antes da cirurgia no hospital, em uma sala somente com mulheres, o médium colocou pedaços de algodão com iodo na minha cabeça, no umbigo e entre o peito e a garganta, fixando-os com esparadrapo. "À noite vão agir; pode ir para casa", disse ele. Duas noites depois, acordei de madrugada e vi umas luzes avermelhadas, uma sensação muito estranha, mas voltei a pegar no sono. De manhã, eu sentia todas as dores de um pós-operatório cerebral e a forte impressão de estar voltando de uma anestesia. Isso me deu certeza de que um tratamento espiritual havia acontecido.

Na semana seguinte, ao entrar no hospital para a terceira cirurgia, tive medo, porque o chefe da equipe havia explicado que dessa vez mexeriam na área da memória. Quando acordei, escutei a voz carinhosa da minha mãe, que me contou um fato curioso: o médico veio conversar com a família e disse que, depois de mexerem na área onde havia ocorrido a convulsão, os neurocirurgiões foram operar a área da memória e não acharam o tumor. Tinha sumido!

Continuei a trabalhar no meu escritório, mas já sem pintar com tanta frequência. Entretanto, alguns meses depois fui convidada para participar de uma nova exposição de artistas brasileiros, dessa vez na sede da ONU, em Nova York. E no mesmo ano participei de outra exposição em Paris.

Eu me sentia tranquila quando fui fazer a minha RM de rotina, mas havia uma nova surpresa: um novo tumor crescera muito, e muito rápido, no mesmo lugar que já havia sido operado. Apesar de benigno, estava próximo de áreas importantes do cérebro. Agora, além da cirurgia, seria preciso fazer quimioterapia para que a lesão residual parasse de crescer. O mais importante é que desde o início eu decidira enfrentar o problema de frente e lutar pela vida. Nos dias de medicação, sentia-me muito mal, mas, no intervalo de 23 dias entre um período e outro, passava bem. Passeava, queria ver o mundo, ir ao shopping, tomar sorvete, tinha apetite e vontade de viver. Enfrentar uma quimioterapia gera desgaste no organismo e no emocional. Decidi me concentrar na saúde. Montei meu novo escritório de arquitetura e design e também senti que estava na hora de voltar a pintar.

Ainda havia espaço para novas aventuras. Comecei a pensar em contar minha história em um livro, e dei meu primeiro curso para me tornar palestrante. Essa nova atividade não aconteceu por acaso: as cirurgias cerebrais "tiraram meu filtro", e agora falo pelos cotovelos. Vejo diante de mim reações muito vivas, emocionadas, gente que se levanta, aplaude, chora, vem falar comigo no final... E percebo que minha experiência precisa ser contada, compartilhada, por ser útil às pessoas.

Arquitetura, artes plásticas, livro, palestras, o que mais? Também resolvi me dedicar ao trabalho social, dando aula de pintura para crianças carentes, pacientes de câncer. Essa decisão surgiu quando percebi quanta coisa estava conseguindo enfrentar, e questionei: "Por que não tenho coragem de ir a lugares onde existem crianças sofrendo?". Então vi que posso ajudá-las a ter uma vida um pouco melhor.

Não sei o que mais o futuro me reserva. A vida nos surpreende a cada instante, e cada escolha que se apresenta é uma oportunidade de crescimento pessoal e espiritual. Agradeço a Deus todos os desafios que colocou diante de mim. Com o enfrentamento e a superação das dificuldades, aprendi a ser forte. Sempre optei por persistir, pois a resiliência e a perseverança me fazem seguir adiante, focada no que é essencial. Fracassos acontecem apenas quando se desiste. A coragem de enfrentar tantos desafios me ensinou a encarar a vida de um jeito mais leve, mais feliz, e me tornou vitoriosa. Gratidão sempre.

O que o futuro lhe reserva *(Resiliência)*

Antes de começarmos a falar sobre o que é resiliência, vejamos um dos conceitos da palavra "mulher": "a) Ser humano do sexo feminino que *representa* uma parte da humanidade; b) Indivíduo cujas características biológicas *representam* certas regiões, culturas, épocas".

O termo *resiliência*, cuja origem veio da Física, é hoje estudado e bastante usado para definir outras áreas do conhecimento. Em Física, significa a propriedade, ou seja, a *capacidade* que alguns corpos apresentam de *retornar* à forma original após terem sido submetidos a uma deformação elástica.

Já na Psicologia, resiliência é a *capacidade de enfrentar* traumas, crises, perdas, desafios, entendendo as situações e recuperando-se delas. Não se trata de um retorno, mas, sim, de uma readaptação às novas circunstâncias do nosso existir. Unindo essas duas palavras – mulher e resiliência –, e tomando o significado do verbo *representar*, ou seja, retratar ou simbolizar, espelhar ou significar, fica mais fácil estabelecer uma relação entre ambas.

Ser resiliente consiste em ter a valentia de dar um passo adiante encarando as dores, perdas, medos, traumas, inseguranças e adversidades. É ter a coragem de buscar dentro de nós o autoconhecimento, assumindo responsabilidade perante as nossas ações. É estabelecer um novo propósito em nossa existência, tendo autoconfiança diante de nós mesmas e da sociedade.

Ser resiliente é buscar o autodesenvolvimento, dando um passo de cada vez, mantendo o foco naquilo que realmente desejamos construir, caminhando de modo estratégico, não nos preocupando apenas com o destino final do nosso percurso, mas observando os sinais que vão surgindo ao longo do caminho. Ser resiliente também implica criar uma relação de intimidade conosco em uma atitude de autogestão, analisando nossas emoções, nossos pensamentos, evitando o acúmulo de "lixo mental", e para tanto é importante que nos conheçamos melhor, pois é da prática feminina doar-se mais, muitas vezes a ponto de se anular como ser humano, como mulher. E nada disso ocorre se não houver disciplina da nossa parte.

O papel da mulher ao longo da história na maioria das vezes a colocou como aquela que nasceu para servir, para se doar, abrindo mão de seus desejos, de seus sonhos, de suas aspirações. Vivendo privações em benefício do próximo, sofrendo calada. Mas, acima de tudo e apesar de tudo, vivemos com um sentimento de fé de que as coisas vão melhorar; de que, mais dia, menos dia, encontraremos o nosso equilíbrio emocional.

Desde cedo, a vida nos ensina que o nosso centro de apoio deve estar em nós mesmas, a também a crença de que nunca estamos sós, sentimento que nos auxilia na maneira como encaramos os eventos e as adversidades do cotidiano. Encontrar o lado bom das coisas e seguir adiante, apesar dos contratempos que a vida nos apresenta, é uma característica determinante para a felicidade. Podemos dizer que isso é um dos significados de resiliência.

Pode ser uma definição simples, mas, às vezes, difícil de realizar, no dia a dia, quando encaramos momentos realmente desafiadores na nossa existência. Não temos nem nunca teremos total controle sobre os fatos e os imprevistos que ocorrem em nossa vida diária. Mas há algo que está ao nosso alcance: poder mudar a nossa reação perante os fatos, especialmente se estes vierem carregados de cunho negativo, tais como uma traição amorosa, a perda do emprego ou de um ente querido, situações traumáticas de modo geral. A maneira com que nos posicionamos diante de tais situações vai determinar os próximos passos na nossa vida.

Ter resiliência é um fator importante para alcançarmos bons resultados em todas as áreas do nosso existir. A mulher resiliente tende a superar os momentos difíceis com uma reação ponderada, sem ficar lamentando-se. Ela age no sentido de resolver a situação e busca, sempre que possível, o lado positivo do que ocorreu. Por esse motivo, o amadurecimento psicológico é fundamental, na medida em que nos fornece resistências contra os fatores negativos da nossa existência, as armadilhas do relacionamento social e os obstáculos do cotidiano. E não há amadurecimento psicológico sem autoconhecimento.

Assim como existem milhares, diremos mesmo milhões de mulheres resilientes no mundo, também há uma enorme parcela de nós que não é. São mulheres que se tornam vítimas do próprio desespero. Um enunciado milenar encontrado na Grécia antiga nos diz: "Conhece-te a ti mesmo". Eis uma coisa que provavelmente poucas de nós saberíamos descrever com precisão. Quem sou eu afinal?

Quais nossos anseios, nossas aspirações, nossos sonhos, nossos objetivos, e, por outro lado, quais nossas angústias, nossos medos, nossas inseguranças, nossos traumas? O que realmente buscamos enquanto indivíduos únicos? Qual nosso ideal de felicidade? O que fizemos até agora para alcançar as nossas metas? Quais são os nossos talentos? Qual a nossa missão neste mundo?

A humanidade como um todo não tem o hábito de observar e gerenciar os próprios pensamentos. A prática da meditação, de silenciar por alguns minutos e sentir a nossa própria essência, nos dias de hoje é muito divulgada, mas pouco praticada. Não fomos habituadas a este tipo de comportamento: um encontro com nós mesmas. Muitas vezes, quando surge uma imagem mental perturbadora, ou sentimos uma emoção angustiante, depressiva, aterradora, acabamos reagindo de forma pacífica, o que pode nos causar transtornos emocionais.

> *"A maior aventura de um ser humano é viajar. E a maior viagem que alguém pode empreender é para dentro de si mesmo."*
>
> *(Augusto Cury)*

Muitas mulheres conseguem se recuperar diante de situações extremamente traumatizantes, que implicam em perdas materiais, como enfrentar uma catástrofe natural e perder a casa com tudo que havia dentro, inclusive o carro comprado com certo sacrifício, ou perdas emocionais, como o término de uma relação, a traição de uma amiga ou a morte de um ente querido, apenas para citarmos alguns fatores. Diante de tais experiências emocionais, procurar ser resiliente é perceber a habilidade de encarar frente a frente esses traumas, essas perdas, essas adversidades e ainda conseguir se recuperar tomando a decisão de seguir em frente.

Sempre haverá a possibilidade de escolhas. Ou pode-se escolher a autocomiseração, ou seja, ter pena de si mesma e se autoeleger a vítima das circunstâncias, culpando outra pessoa, ou pode-se escolher enfrentar os percalços que venham a surgir. A mulher resiliente entende que é necessário gerenciar os próprios pensamentos, as emoções, e com isso melhorar a sua qualidade de vida e a de quem dela de certa forma dependa.

O Dr. Augusto Cury, em seus estudos sobre a mente humana, nos chama a atenção para a nossa capacidade de escolha, da autoconsciência e da consciência crítica que possuímos, possibilitando-nos o gerenciamento da nossa mente. Devemos fazer disso um hábito. Assim passaremos a compreender que o destino, seja em que esfera for, profissional, afetiva etc., deixa de ser algo inevitável e passa a ser principalmente uma questão de autogerenciamento.

Ele também nos diz ainda que muitas pessoas pensam que foram programadas para sofrer de fobias, depressões – comportamento típico de quem não consegue ser resiliente. Usar a resiliência é ter a capacidade de transformar o caos em uma nova oportunidade. É não se conformar diante de uma situação traumatizante, sofrendo paralisia mental das emoções e esquecendo-se de algo fundamental: devemos ser as autoras da nossa própria história!

Diante da questão da resiliência, um dos pontos mais críticos ocorre quando lidamos com as perdas que nos causam emoções traumáticas, por exemplo, a morte prematura e inesperada de pessoas que amamos. Conseguir retomar a felicidade e a alegria de viver depois da morte de alguém muito próximo e que nos é caro é uma das situações mais difíceis e que mais desafiam o ser humano; ao menos, uma grande parcela da humanidade.

Morte e resiliência

Podemos dizer que a morte é a única certeza que temos na vida. Vários povos pelo mundo têm visões e entendimentos diferentes acerca do "momento de despedida", os quais variam de acordo com suas crenças, seu modo de vida social e econômico, suas heranças culturais e até estudos mais aprofundados do assunto.

Em países como o México, por exemplo, morrer é uma maneira de se libertar da vida de vaidades que levamos. O dia destinado a homenagear os mortos é celebrado com muitas festividades, não com tristeza. Ocorrem festivais com fantasias; a gastronomia deve agradar ao gosto do ente querido já falecido, pois acreditam que isso traga prosperidade para os vivos; enfim, uma comemoração que retrata a união da tradição indígena dos seus antepassados astecas ao catolicismo.

Tal postura diante da morte pode causar estranheza para a sociedade contemporânea do Ocidente, da qual o nosso país faz parte, pois aqui o Dia de Finados é uma data não para ser comemorada com alegria, mas para muitos visitarem os cemitérios e levarem flores aos mortos. E nos enterros geralmente há muita comoção, tristeza e até mesmo desespero só de pensar em não mais ter contato com o ente querido.

A nossa cultura tem, em geral, muita dificuldade em aceitar a morte. O falecimento de uma pessoa idosa ainda causa a dor da perda. Algo que deveria ser visto como a ordem natural da vida, uma vez que, ao nascer, se inicia o ciclo evolutivo do bebê e, seguindo a sua jornada aqui na Terra, ele vai se desenvolver, atingindo a fase adulta, para posteriormente, na chamada velhice, ao final desse ciclo, o corpo físico perecível no limite das suas capacidades físico-motoras e biológicas deixar de funcionar, não lhe restando outra coisa a não ser a despedida do mundo material. Tal processo é ainda muito sofrido para os brasileiros, sem contar no tabu que é falar acerca da morte, assunto que se evita.

Quando recebemos a notícia da morte de alguém, jovem ou criança, seja por causa de uma doença, seja em função de um acidente, seja vítima de violência, tal fato se torna mais difícil e doloroso ainda. Nas palavras do psiquiatra e psicanalista Roosevelt Smeke Cassorla, da Sociedade Brasileira de Psicanálise, em São Paulo: "A ideia da não existência provoca tal desconforto que a mente humana acaba criando alguns mecanismos de defesa para fugir dessa realidade".

Contudo, muitas mulheres, mesmo diante desse quadro inevitável da morte, conseguem encontrar um novo sentido, um motivo para continuarem adiante em meio a tais adversidades. Será que é possível aprender a lidar com a morte – considerando-se que é um fato mais do que certo, pois, afinal, faz parte da vida – de uma maneira mais natural, sendo resiliente?

Nos dias de hoje, com tantos avanços da medicina moderna e com a expectativa de vida alongando-se por mais alguns anos, com a esperança de cura se não para todas, mas para a maioria das doenças, muitas pessoas desejam ardentemente a imortalidade. Aqui não vamos abordar a fundo essa questão sob o aspecto religioso, mas registramos que muitas religiões no mundo acreditam na imortalidade da alma, e assim a vida continua no além-túmulo, e apenas o corpo de carne e osso morre.

No Brasil há muitos que acreditam que estamos aqui para evoluir e reparar faltas de vidas pretéritas, pois nada ocorre ao acaso. Ainda assim, para essas pessoas que têm uma visão menos aterradora da morte, mesmo que ocorra de forma prematura, por doença incurável, por exemplo, a aceitação do ocorrido pode até ser encarada de modo mais "natural", entretanto, ainda há o sentimento de tristeza e sofrimento no momento da despedida.

Todos nós sabemos que a morte faz parte da vida. A questão que gostaríamos de abordar é: o que fazer diante desse fato natural, levando-se em conta tratar-se de algo de que não se pode fugir, pois não existe nada menos exclusivo do que morrer? A morte acontece a todo o momento pelo mundo, e todos nós, seres humanos, sem exceção, iremos um dia deixar este planeta.

Diante dessa certeza, o que nós podemos fazer quando a perda de alguém que nos é caro nos toma de surpresa? Quando somos invadidos por uma tristeza imensa e o mundo a nosso redor parece que se transformou em um enorme abismo onde fatalmente iremos despencar? Aqui entra a ideia da resiliência, ou seja, a competência de se recuperar diante do que é irreversível.

Psicologicamente falando, reiteramos que a resiliência é a capacidade de enfrentar traumas, crises, perdas, desafios, entendendo as situações e recuperando-se delas. Assumir a responsabilidade, manter o foco na ação nos momentos difíceis, em vez de ficar apenas se lamentando. Essa é a principal característica de pessoas resilientes. Abordamos aqui especificamente a questão da resiliência com relação à morte, que, em termos de perda, provavelmente é a mais difícil de ser trabalhada emocionalmente. Porém, ao falar dessa competência em voltar ao estado anterior ao momento de estresse, a mulher resiliente consegue encarar momentos difíceis com uma nova perspectiva diante dos fatos e da vida que segue.

Cabe a ela buscar entendimento e aceitação diante daquilo que não pode ser mudado, e assim voltar a viver visando a uma nova etapa da vida, adotando uma postura firme, com determinação e consciência, sem se entregar às "surpresas do destino" e, acima de tudo, mantendo a vontade de continuar a viver, tendo fé no futuro, por mais que pareça incerto e duvidoso.

Traumas emocionais

Os traumas que vivemos marcam nossa vida para sempre. Podemos ficar paralisadas neles e passar a nossa existência intimamente ligadas àquela experiência emocional desagradável e, assim, nunca mais conseguirmos viver o presente de maneira plena. Ou podemos buscar ser resilientes, superando os abalos, aprendendo com eles e retomando o nosso dia a dia, sem que os traumas do passado interfiram negativamente em nosso presente.

Existem algumas teorias sobre o funcionamento da nossa mente e o impacto dos traumas. De acordo com a teoria da inteligência multifocal, do Dr. Augusto Cury, resumidamente, quando vivemos uma experiência traumática, o que ocorre em nosso cérebro é a criação de um nódulo emocional. Os novos fatos e acontecimentos que vivemos passam a ser vivenciados sob o prisma daquele nódulo, e as novas experiências são entendidas com os mesmos sentimentos relacionados a ele.

Nos dias atuais, a palavra resiliência é também usada no mundo dos negócios para caracterizar o indivíduo que consegue retomar a estabilidade emocional mesmo depois de passar por momentos ou situações de grandes impactos, estressantes, causadores de traumas. Em outras palavras, resiliente é a mulher dotada da capacidade que lhe possibilita enfrentar adversidades e ainda assim se manter equilibrada emocionalmente.

Muitas de nós conhecemos um velho ditado que diz: "Ninguém sente sem passar". E está claro que a maneira como encaramos a dor de um trauma pode variar de uma pessoa para outra. Por exemplo, seja uma grande decepção com o outro, seja uma decepção consigo mesma, a perda do emprego, uma mudança de planos repentina, que faz com que se tenha de repensar todo o futuro, próximo ou em longo prazo, seja a necessidade de mudar de cidade ou país, por conta do emprego, seja um assédio sexual no ambiente de trabalho, na escola ou mesmo até no meio familiar, seja o adeus final a um ente querido, enfim, toda e qualquer situação que possa nos fazer sentir "sem o chão debaixo dos pés" e nos colocar em uma espécie de estado de choque.

É grande o número de histórias que chegam aos nossos ouvidos envolvendo pessoas que perderam tudo ou quase tudo, mas que, apesar das perdas, encontraram motivos para continuar a viver. Mulheres que em um momento inicial, por medo ou insegurança, não aproveitaram a oportunidade de sua vida, sentindo depois um vazio na alma, ou mulheres que, após fracassarem em seus negócios, se viram de mãos vazias e cheias de dívidas, ou aquelas que foram reprovadas em um concurso para o qual estudaram tanto, ou ainda as que chegaram ao fim de uma relação amorosa por conta de traição, abandono ou morte da sua cara-metade.

Elas buscam dentro de si a coragem e a determinação para virarem as páginas do livro de sua vida, deixando no passado o que já passou, para seguirem adiante e se tornarem profissionais exemplares, prontas para viver uma nova relação pessoal ou profissional, decididas a buscarem seus sonhos.

Enfim, mulheres que, mesmo em meio ao caos, conseguiram dar a volta por cima e hoje estão satisfeitas com o resultado de seu empenho, de seu novo propósito de vida. Buscaram dentro de si a autoconfiança e o sentido da resiliência, uma readaptação à nova realidade.

Por outro lado, infelizmente, também ouvimos falar daquelas mulheres que, diante de situações desesperadoras, não resistiram ao trauma emocional e sucumbiram às emoções fortes, dando vazão ao seu lado sombra, ou seja, fazendo vir à tona medos, defeitos, complexos, fraquezas, uma energia que sempre nos prejudica. Muitas dessas mulheres, lamentavelmente, às vezes acabam tomando um caminho sem retorno, atentando até contra a própria existência. Saber ser resiliente após uma experiência traumatizante é o que faz a diferença entre seguir adiante, apesar e acima das adversidades, ou desistir de lutar e sucumbir aos fatos.

> "A dor é inevitável, o sofrimento é opcional... E com certeza o que não me mata me fortalece!"
>
> (Tim Hansel)

Ter clareza mental nos momentos difíceis é, sem dúvida, fundamental para o equilíbrio psíquico do ser humano. Como já vimos, há situações na vida em que somos postas à prova e precisamos a todo custo buscar uma força interior em nós mesmas, para tentarmos superar a dor de uma separação, o surgimento de uma doença grave, a violência do dia a dia, a morte de um ente querido, a perda da liberdade. E, quando tudo isso vem como em cascata, em uma sequência de fatos, aí então é preciso ser mais do que forte. É preciso ter pulso firme e nervos de aço.

Nós, mulheres, conhecemos, ou ao menos ouvimos falar ou estudamos na escola, os horrores das grandes guerras mundiais. E, mesmo em pleno século XXI, a humanidade ainda enfrenta seus fantasmas da indiferença, da intolerância e do desamor. A mídia nos "presenteia" diariamente com notícias que só mostram o estado de desafeição em que muitos de nós vivemos hoje em dia. Em uma comparação simples, a guerra é uma espécie de jogo em que nunca há vencedores; todos saem perdendo! E foi durante o horrendo espetáculo da Segunda Guerra Mundial que o médico psiquiatra austríaco Viktor Frankl viveu na pele todas as privações a que o ser humano pode ser exposto.

Ficou prisioneiro por três anos em um campo de concentração alemão. Passou fome, enfrentou doença, teve sua liberdade caçada por ser judeu. Viu diariamente o espetáculo macabro de soldados aniquilarem vidas humanas como se fossem meros objetos descartáveis. Adoecer era sinônimo de morte na certa. No seu tempo no cativeiro, ele passou a observar o comportamento distinto de alguns prisioneiros.

Havia aqueles que sempre buscavam algo para fazer (como ele próprio), um propósito que os mantivesse vivos, fosse ajudando a outros em piores condições físicas, fosse a esperança de um dia poderem voltar para seus lares. Igualmente verificou que outros prisioneiros, em um dado momento tomados pelo desespero, se atiravam contra cercas elétricas, ou caminhavam na direção dos soldados com seus cães e assim iam "de encontro à morte".

O que distinguia o comportamento desses homens e dessas mulheres entre escolherem continuar a viver ou simplesmente desistirem de tudo era justamente o sentido de resiliência que uns mantinham, enquanto outros não podiam suportar tamanha dor física, mas principalmente psicológica.

A pessoa resiliente, por mais caótica que esteja a situação, não perde a vontade e a coragem de lutar, de ir em frente com consciência e determinação. O Dr. Frankl, em meio a toda tormenta físico-psicológica pela qual passou, ainda perdeu esposa, mãe, pai e um irmão mortos nos campos de concentração ou em crematórios. Portanto, tinha tudo para desistir de lutar, mas o fato de terem destruído um manuscrito médico que já estava pronto para publicação fez com que ele decidisse reescrevê-lo, e fez disso seu propósito de vida, esperançoso de que um dia, se saísse vivo daquela experiência nefasta, pudesse publicar seus estudos e ajudar muita gente que tivesse passado por traumas tão profundos. Assim o fez, quando ganhou a liberdade.

E não apenas publicou seus relatos em forma de livros, como também criou um sistema teórico-prático, o qual chamou Logoterapia (do grego *logos* = sentido), afirmando ser a principal força que motiva o ser humano à busca por um sentido na vida. Aprender com o sofrimento diário a ser resiliente possibilitou ao psiquiatra-psicólogo uma razão para continuar a lutar pela própria existência, superando assim os traumas causados pela sua condição emocional naquele período de longos três anos.

Cada uma de nós sabe que a vida a todo o momento pode ser uma "caixinha de surpresas". Por mais organizadas, por mais estruturadas econômica e emocionalmente que sejamos, pode haver ao longo da nossa existência um momento, ou vários deles, em que precisaremos parar, respirar fundo, analisar a situação que estamos enfrentando e, a partir desse entendimento, dessa autoanálise, depois de uma reflexão acerca dos nossos sentimentos, saber que atitude deveremos tomar para seguir em frente, como autoras da nossa própria história.

O sentido da vida é algo bem distinto de uma mulher para outra, e também pode se modificar de um dia para outro, ou de uma hora para outra. O importante não é especificamente a razão de existir de um modo geral para a mulher, mas sim o significado específico da vida dessa mulher em um determinado momento da vida dela. Um propósito maior, a força que a faz seguir adiante.

Cada uma de nós tem a sua própria vocação, ou missão específica a realizar, e devemos cumpri-la. Sendo assim, a mulher, mãe, esposa, irmã, filha, professora, empresária, escritora, enfim, qualquer mulher não pode ser substituída, e com isso o trabalho de cada uma se torna único, como a sua chance específica de torná-lo realidade. Aprender a ser resiliente diante das adversidades impostas a nós, na maioria das vezes quando menos esperamos, nos permite uma redescoberta de nós mesmas, acompanhada de autoconfiança, de propósito, de razão para continuarmos a viver.

Fé e resiliência

> *"Resiliência é a lucidez da consciência que equipa o indivíduo na superação da amargura, do desespero, da infelicidade."*
>
> (Joanna de Ângelis)

Podemos dizer que, para conseguirmos força para uma postura resiliente, um dos caminhos sem dúvida é o sentimento da FÉ. A fé que temos de que há algo maior que nos criou e também originou e mantém a harmonia em todo o Universo, a chamada fé divina e a fé humana em nós mesmas, ou seja, nossa autoconfiança. Ser resiliente é fazer um autodescobrimento, olhar para dentro de nós e saber vencer a nossa condição emocional sem criar feridas marcantes diante dos infortúnios a que somos submetidas ao enfrentar situações mais desafiadoras.

Uma mulher que tem fé consegue suportar grandes dramas que a vida traz, ou passa vez ou outra por situações problemáticas e, apesar disso, ainda mantém um olhar sereno, de paz e tranquilidade. É aquela que supera os obstáculos do dia a dia com uma força que vem de dentro e, dessa forma, supera a si mesma, por exemplo, diante de uma doença, de uma separação, de uma situação de violência, entre tantos outros acontecimentos aos quais estamos sujeitas.

Segundo a psicóloga Mariane de Macedo, ter uma atitude mental de enfrentamento é uma das primeiras lições para construir uma boa resiliência psicológica, pois nos possibilita uma postura mais ativa, fazendo com que nos tornemos responsáveis pelo que acontece a nossa volta. Com isso, apropriamo-nos das nossas escolhas e nos destituímos do papel de vítimas.

Ter fé é buscar a resiliência, é usar autoconfiança, autocoragem (e é preciso mais coragem para vencer a si mesma do que para vencer os outros) e autoconhecimento para nos recuperarmos diante de momentos de tristeza.

Nós, mulheres, somos muitas vezes rotuladas de sonhadoras e românticas, e não há nenhum mal em ser assim. Fantasiamos nossos sonhos em cada detalhe: ter um bom casamento, formar uma família bonita e feliz, ver os filhos crescendo, ser uma profissional reconhecida. Somos capazes de pintar nas telas do nosso imaginário as fases mais importantes que ainda fazem parte do nosso amanhã, tais como o nascimento do primeiro filho, seus primeiros passos, seu crescimento, sua formatura! Projetamos anos à frente as imagens da vida com que sempre sonhamos e as quais pedimos a Deus.

Mas o futuro é incerto, totalmente fora do nosso controle, até mesmo porque não há como controlar o que ainda não aconteceu. Claro que podemos e devemos ter planos para o dia de amanhã. Mas uma coisa que jamais iremos projetar na nossa tela mental é um acontecimento que interrompa nossos projetos de sermos felizes, nós e a quem amamos.

Uma mulher que recebe uma notícia ruim inesperada no momento em que sua vida parece perfeitamente encaminhada e equilibrada em todos os sentidos certamente viverá um trauma emocional e psicológico sem precedentes, como diante do diagnóstico de uma doença muito séria. Em tal situação, aquilo que ela levou meses e até anos para construir, tanto na esfera real quanto nas suas utopias, desaparecerá em uma fração de segundo, como poeira ao vento.

Além do choque inevitável, da sensação de vazio e de completo abandono, perguntas intermináveis em um momento como este vão surgindo, pensamentos desconexos tentam encontrar uma causa justa, um motivo plausível para ela estar passando por tudo aquilo. O medo, a dor, a angústia, a insegurança... Os temores do futuro e dos mistérios que ele traz a fariam sentir-se como se estivesse totalmente perdida em um imenso deserto à procura de um oásis que nem ao menos saberia se existe ou não, e, se existisse, se teria meios de chegar até ele antes que o calor do sol forte e a sede imensa a fizessem sucumbir em meio às areias escaldantes nesse vazio da sua alma. Em momentos assim, a busca pela resiliência é uma ferramenta emocional mais que necessária para um amparo psicológico imediato.

Em situações difíceis, a mulher precisa buscar dentro de si força, coragem e autocontrole e ver que caminhos poderá seguir, que opções tem e o que fazer diante do que não pode ser mudado. Por isso o autoconhecimento é tão importante, pois com ele alcançamos nossa autoconfiança – a base da resiliência. E, assim como as flores que renascem a cada estação, também essa mulher poderá renascer. As flores fincam as raízes na terra, o que lhes permite resistir às intempéries do tempo, e seguem crescendo e desenvolvendo-se. A mulher resiliente finca os pés no chão buscando estabilidade nas suas crenças, nos seus valores, nas suas esperanças, com o firme propósito de continuar a vida, mesmo em meio a novas mudanças no rumo da sua história. E tudo isso com autoconfiança, coragem e decisão de seguir adiante, mesmo que ventos contrários tentem derrubá-la.

O tempo não para e, a cada novo amanhecer, temos uma nova chance de recomeçar. Saber gerenciar os nossos pensamentos nos auxilia a mantermos no passado as memórias de angústia e de dor que se formaram em situações adversas. Por esse motivo a resiliência é uma ferramenta de empoderamento feminino tão importante, na medida em que nos proporciona a liberdade de viver o presente independentemente das tristezas que possamos ter vivido no passado, possibilitando-nos tomar decisões e escolher novos caminhos para ter uma vida plena de felicidade e realizações, elemento fundamental na atuação protagonista da mulher.

Nós sempre podemos aprender com nossas experiências e utilizá-las nas nossas reações perante novas vivências. Por isso, *olhar para frente* é fundamental. Traçar planos, mas sempre aproveitando e vivendo intensamente o nosso caminho, o hoje, o presente. *Criar pequenas metas* que sejam fáceis de realizar. *Assumir escolhas* perante todas as situações, pois a vida é um presente de Deus e depende de nós a opção de como iremos vivê-la de hoje em diante.

A mulher não pode se esquecer, ainda, da importância de *construir sua rede de segurança* por meio de pessoas confiáveis, que poderão ajudá-la em momentos de angústia, insegurança ou de dor, por exemplo, um psicólogo, um amigo, um familiar. Alguém que esteja próximo dela nos instantes de tristeza e que a apoie de maneira positiva e animadora. *Tenha o foco na ação.* Mantenha-se ativa, ocupe sua cabeça com atitudes que vão impulsioná-la à superação. Entender seu *propósito de vida* é fundamental para gerar motivação a fim de que busque resiliência e siga adiante. Os momentos difíceis nos forçam a mudar. Quando perdoamos e deixamos o que aconteceu definitivamente para trás, permitimo-nos viver o presente plenamente, livres de qualquer tristeza do passado.

Os principais pontos para desenvolver a resiliência são

1) Perdoar o passado – deixar o que aconteceu no lugar dele;
2) Aceitar o que aconteceu como sua história, ciente de que nada pode mudar o que passou. Mas você pode fazer o hoje diferente;
3) Adquirir autoconhecimento – conhecer como você reage hoje ao inesperado, e é possível aprender a reagir positivamente;
4) Mudar o ângulo de visão e enxergar os aspectos positivos do que ocorreu, o que você aprendeu, o que teve de bom sem sentir-se

culpada por isso. Você não tem culpa do que aconteceu; só está buscando maneiras saudáveis de conviver com a dor!
5) Ter gratidão – agradecer o lado bom dos fatos, as coisas boas que ficaram. Quando mudamos o ângulo de visão, aprendemos a ser gratas ao que ficou, ao lado bom dos acontecimentos.

Esses cinco pontos nos auxiliam a superar as dificuldades em buscar a resiliência em nossa vida e a descobrirmos maneiras de viver com felicidade, independentemente do que aconteceu; o importante é viver o hoje, um dia de cada vez, mas sem deixar de olhar o amanhã, de construir o futuro de maneira leve, livre de pré-julgamentos e padrões.

Uma vez que toda situação no nosso dia a dia representa um desafio para cada uma de nós e nos apresenta um problema para ser resolvido, pode-se, portanto, inverter a questão pelo sentido e propósito da nossa existência. Resumindo, cada uma de nós é questionada pela vida, e cabe apenas a nós responder à nossa própria vida sendo responsáveis por ela, ou seja, sendo autoras da nossa própria história.

Considerações finais

A mulher resiliente é aquela que tem a capacidade de, mesmo submetida ao sofrimento, reconhecer a própria dor, entendendo o seu sentido e admitindo esse sentimento incômodo até encontrar um modo de resolver de maneira construtiva os conflitos resultantes da situação que os causou. Ter resiliência é ter esperança de que, mesmo em meio à tempestade, os ventos vão se acalmar. Ter fé no futuro, coragem e um propósito a seguir.

A questão da resiliência não se restringe apenas à mulher enquanto indivíduo, uma vez que vivemos em sociedade, e geralmente pertencemos a um ou mais grupos, sendo que o primeiro e o mais importante é o grupo familiar. No caso de situações traumáticas, tais como a descoberta de uma doença ou a perda de um ente querido, por exemplo, é de vital importância que esse grupo como um todo busque a resiliência por meio do constante equilíbrio emocional e a serenidade diante de tais eventos que não podem ser mudados. Uma atitude positiva frente a um problema que se apresente vai com certeza auxiliar emocionalmente a mulher que esteja enfrentando tamanha provação.

A história da Roberta Pauli é um bom exemplo disso. A melhor resposta que ela poderia dar àquela lembrança negativa do médico que lhe disse: "Depois da cirurgia, você vai se aposentar da arquitetura, porque ficará incapaz de trabalhar com criação" era estimular a parte criativa do cérebro. E foi a partir disso que ela se tornou uma grande artista plástica, tendo quadros expostos no Brasil, na sede da ONU, em Nova York, e em um dos mais importantes museus do mundo, o Le Carrousel du Louvre, em Paris.

A resiliência é uma forma de gerenciar as circunstâncias contrárias, tanto internas quanto externas, que se fazem presentes ao longo de toda a nossa trajetória evolutiva.

Outro fator que se refere à resiliência é a transformação pela qual passamos ao depararmos com situações adversas ou traumatizantes. Nós, mulheres, experimentamos uma espécie de reconfiguração do nosso mundo interior e, por meio de novos sonhos, usando nosso lado criativo, buscamos uma nova maneira de reestruturar a nossa existência. Um processo de resiliência aliado à nossa autoestima e autoconhecimento resgata a nossa liberdade enquanto indivíduos.

Tal ação nos possibilita manter a nossa dignidade, mesmo quando o pior dos pesadelos se faz visível diante de nós. Essa liberdade interior vai nos proporcionar realizações pessoais, mesmo que o mundo a nossa volta se mostre caótico e hostil.

A resiliência é requerida quando nos é imprescindível refazer a base estrutural da nossa vida, consistindo em manter uma constância nos momentos de tensão que nos acarretam traumas e a aptidão de lutar por algo maior, não esquecendo o rico aprendizado que certamente adquirimos ao lidar com os sofrimentos.

O comportamento das mulheres resilientes é o da autoconfiança, pois realmente creem em si e naquilo de que são capazes de fazer. Diante de um quadro de mudanças, aceitam sem esmorecer. Quando enfrentam situações contrárias ou estressantes, encaram-nas como um desafio a ser vencido. Há uma aceitação da realidade que as cerca, e a ela passam a dar um significado, deixando a condição de vítimas para a de aprendizes diante das crises e lições. Conseguem manter-se calmas e concentradas perante os obstáculos.

A resiliência é uma espécie de reconfiguração interna que fazemos da nossa própria percepção e da nossa atitude diante da experiência da condição contrária ou traumatizante. A partir daí, torna-se um fator de crescimento ou desenvolvimento pessoal.

O que determina a mulher resiliente é a habilidade de buscar na sua luz divina coragem, força e fé para seguir adiante na jornada evolutiva, com a crença e a certeza de que jamais estará sozinha, pois Deus é nosso Pai, e o Pai de amor nunca abandona seus filhos.

A vida é um presente de Deus, e depende de nós como iremos vivê-la de hoje em diante. Tenha a certeza de que você pode buscar dentro de si um sentido maior que a ajudará a superar qualquer tristeza, qualquer dificuldade. Você tem o direito e a possibilidade de ser resiliente, de viver o hoje de modo diferente e escolher ser FELIZ!

> "A beleza continua a existir mesmo no infortúnio. Se procurá-la, descobrirá cada vez mais felicidade, e recuperará o equilíbrio."
>
> (Anne Frank)

FONTE: Dosis/Aleo

#Novo Século nas redes sociais

www.gruponovoseculo.com.br